ハウスメーカー実際に見てわかった最新本音評価!!

ハウスメーカーで「後悔しない家を建てる」技術

市村 博 一級建築士・ホームインスペクター
渡辺保裕 ● マンガ

廣済堂出版

― はじめに ―　一世一代の家づくりで後悔しないために

第二次安倍政権が成立して以来、ハウスメーカーの受注が盛況である。

大手ハウスメーカーの売上げは四半期ごとに前年比1・5倍〜2倍といったすさまじい伸びを見せており、異業種からも住宅事業参入の動きが見られる。小泉自民党政権から民主党政権時代にかけて、中小のハウスメーカーを中心にバタバタ潰れていったのが嘘のようである。

消費税増税前の駆け込み需要だから、増税後はガクンと落ち込むという見方もあるが、どうやらそうでもない。いくつかのハウスメーカーに消費税が8％に引き上げられ、その分が負担増となる2014年4月以降の着工や引渡し予定状況を聞いたが、すでにかなり埋まっている様子である。

これには、ハウスメーカーの仕事を請け負う工務店や施工工事業者（大工や左官など）、つまりは家づくりの職人の絶対数が足りないという業界事情もある。家づくりに携わる職人の数が減ってきたのはかなり前からのことだが、東日本大震災の復興事業に人手が回るなどでますます足りない状況になった。

もちろん、建てる側は増税前に建てたい。しかし、一軒の家を建てるのは、プラモデルを作るのとはわけが違う。いくら突貫工事が得意なハウスメーカーでも、現場の作り手が確保できなければどうにもならない。そこで、増税に伴う住宅ローン減税の延長と控除額の拡大などを顧客への説得材料にして、増税後の順調な受注につなげているようである。

ハウスメーカー各社にとっては嬉しい悲鳴といったところだろう。しかし、ホームインスペクターとして家づくりの第三者チェックを請け負い、日々現場に足を運んでいる私から見ると、これは間違いなく危ない状況である。

もともとバブル期以降のハウスメーカーには金儲け主義、「とにかく早くつくって引き渡せ」式の風潮がはびこっていった。それによって杜撰（ずさん）な手抜き工事や到底プロの仕事とは言えないお粗末な仕事が急増し、クレームも急増していったのである。

もちろん、それまでの日本にはプロフェッショナルと言うべき腕のいい職人も数多く存在した。彼らはこうした状況を憂い、おかしいではないかと、もの言いを付けたが、ハウスメーカーや工務店の背広組にそうした声は届かず、いよいよハウスメーカーは問題だらけとなった。

もともと私自身も設計事務所を開き、ハウスメーカーの設計・監理の仕事を請け負っていたのだが、こうした状況を間近に見て、疑問を感じていたのである。

「ならば、実態をよく知る自分が、これを世に問うべきではないか」

思い立った私は2002年、『間違いだらけのハウスメーカー選び』（廣済堂出版）という一冊の本を上梓した。実際にハウスメーカー各社に発注をかけ、契約に至るまでの実態を実名でレポートしたものだが、それまで中立の立場でハウスメーカーのことを評価した本は皆無だったためか、思いがけない反響をいただいた。

そして私は設計をやめ、ホームインスペクターの道を歩み始めたのである。それから十数年が経ったが、その間に私は約一〇〇〇棟以上の家づくりの現場に立ち会ってきた。

その間、世間では「欠陥住宅」といった言葉が流行ったり、耐震偽装事件（姉歯事件）といった事件が大問題となり、消費者の意識もだいぶ変わったように思える。

『間違いだらけのハウスメーカー選び』シリーズも4冊を数えた。

しかし、そもそもテレビが面白おかしく映しだす「床をビー玉が転がる家」とか「柱のない家」といったものは、家とは言えない論外の代物である。建売物件などの中にそういう論外が存在するのは確かだが、少なくともハウスメーカーではあり得ない。あったとしたらそれこそ論外である。

ただし、基礎工事をやり直させたり、壁をはがして貼り直させるといったかなりひどい現場に遭遇することはある。そして、そこまでではなくとも、いくつかの問題を指摘せざるを得ない現場となると、山ほどあるのが実情である。「出来上がった時には問題なかったが、数年経ったら雨漏りがしてきたので見てほしい」

― はじめに ― 一世一代の家づくりで後悔しないために

といった相談がなかった月はないと言ってもいいくらいである。

こうしたことが起こるのは、もちろん工務店などの施工会社、そしてそれを管理すべきハウスメーカーの責任である。強度の問題でそもそも設計の規格に問題があるのではないかと、ハウスメーカーに質問状を出したこともあるが、それに対して誠実な答えが返ってきたことはあまりない。

つまり、私が最初に本で問題を指摘した時点から今日まで、ハウスメーカーの対応や体質に大きな変化はないということだ。そんな状況の中で今、ハウスメーカーが活況を呈し、全国各地でハウスメーカーの家が誕生している。こうなれば、大小の問題が続出するのは火を見るより明らかであろう。

本書では、第1部では、日々現場チェックを行い、実際に感じている私のハウスメーカー22社への最新評価、そして第2部から3部では、モデルハウス訪問から各種打ち合わせ〜契約〜施工へと進んでいく、家づくりの流れを追いながら、それぞれの場面で気をつけなければいけないポイント、ハウスメーカー側のマニュアルや裏事情を解説した。

家を建てるという事業は人生で幾度もあるわけではない。大抵の人は一度、多い人でも二度がせいぜいだろう。そこには、働いて貯めた虎の子の大金が注ぎ込まれるわけである。

しかし、一世一代の大金をはたくにもかかわらず、ほとんどの人は家づくりの経験などない。ハウスメーカーや工務店に質問できるだけの建築知識も持ち合わせていない。ここに、落とし穴があるのだ。

本来ならば、だからこそハウスメーカーや工務店は、「それぞれの家族の夢がかかったマイホームなのだから、レベルの高いプロの仕事をして喜んでもらわなければならない」と心してかかるべきなのである。

もちろん家づくりの現場には、そうした姿勢を持ちながら懸命に仕事に打ち込んでいる優秀な営業マンや職人たちがいないわけではないことを私もよく知っている。だが、残念ながらその一方で前述のようなひどい現場も数多く存在する。

これでは、納得の家を建てることができた人たちは、たまたま運が良かったということになってしまう。それではダメなのだ。衣食住というとおり、家というのは人間が生きていくのに欠かせない必需品であり、また自ずとその国やその家族の民度や文化を表す大切な指標となるものである。

ハウスメーカー、設計事務所、工務店といった住宅産業に携わる人たちは、そうした重い責任を負っていることを自覚していただきたい。それと同時にこれから家を建てる施主の皆さんも少し勉強して賢くなり、素人だからと人任せ、風まかせにするのではなく、自ら積極的に家づくりに参加していただきたい。

本書1部では、ハウスメーカー22社について、できるだけ私が実際に見て感じたことに基づいて評価した。なかには現場を見たのが1件だけというハウスメーカーもあり、たまたまそれが悪い現場だった、ということはもちろんあると承知している。

ただし、たった1件であろうと、その現場に大きな問題があったとすれば、現場を管理すべきハウスメーカーは責任を免れないはずである。フランチャイズ体制で、現場は工務店任せであったとしても、ハウスメーカーの看板を背負っている以上、本来、クレームに対してハウスメーカーは誠実な対応をすべきはずである。繰り返すが、家づくりは夢とお金のかかった一大事業である。だからこそ、問題が起こらないに越したことはないが、問題が生じたときに誠実に対応し、責任をきちんと全うする(まっと)メーカーとしないメーカーでは、評価が全然違ったものになるのは当然のことである。

マイホームが完成したあとでハウスメーカーとの間で訴訟沙汰になったり、不満や後悔を口にされる方々を嫌というほど見てきた。本書を読まれた皆さんがそんなことにならないように、「後悔しない家づくり」を実現されることを願うばかりである。

2014年2月吉日

市村　博

ハウスメーカーで「後悔しない家を建てる」技術　目次

● はじめに ……… 01

第1部　自分に合ったハウスメーカーを選ぶ技術

ハウスメーカー22社　選ぶポイントと実際に見てわかった独自評価 ……… 09

評価にあたって ……… 10

- 積水ハウス ……… 12
- 旭化成ヘーベルハウス ……… 14
- 住友林業 ……… 16
- セキスイハイム ……… 18
- ダイワハウス ……… 20
- 三井ホーム ……… 22
- ミサワホーム ……… 24
- スウェーデンハウス ……… 26
- 大成建設ハウジング ……… 27
- パナホーム ……… 28
- トヨタホーム ……… 29
- 三菱地所ホーム ……… 30
- 木下工務店 ……… 31
- 一条工務店 ……… 32

- レスコハウス ……………………… 33
- アイフルホーム ……………………… 34
- 東急ホームズ ……………………… 35
- 住友不動産 ……………………… 36
- ヤマダ・エスバイエルホーム ……………………… 37
- 新昭和 ……………………… 38
- 東日本ハウス ……………………… 39
- エヌ・シー・エヌ ……………………… 40

コラム＊デザイナーズハウスが危ない!? ……………………… 41
選択基準別ハウスメーカー分布図 ……………………… 44
家づくりの主な工法 ……………………… 46

第2部 モデルハウス訪問から契約まで
ストーリー・マンガで騙されない技術を大公開！ ……………………… 49

第1ステージ モデルハウス訪問
営業マンはお客をどう誘導するのか？ ……………………… 52
その頃ハウスメーカーでは…① ……………………… 56
翌日の営業会議
傾向と対策① ……………………… 57

第2ステージ 営業マンがわが家にやって来た！
ファーストアタックのセオリー ……………………… 60
その頃ハウスメーカーでは…② ……………………… 62
客をランク付けする
傾向と対策② ……………………… 63

第3ステージ 営業マン再訪
希望プランを聞かれる ……………………… 65
その頃ハウスメーカーでは…③ ……………………… 69
スケジュール調整にてんやわんや

傾向と対策③ ······ 72

第4ステージ プレゼンを受ける
プランと費用の提示 ······ 76

傾向と対策④ ······ 79

第5ステージ 契約のためのクロージング営業
「3月引渡し」にご注意 ······ 80

傾向と対策⑤ ······ 84

第6ステージ いよいよ契約！
チェックポイントはここだ！ ······ 86

その頃ハウスメーカーでは…④
無理なスケジュールはハウスメーカーの都合で決まる ······ 89

傾向と対策⑥ ······ 91

第7ステージ 実施設計の打ち合わせ
メーカーのミスを見逃すな ······ 95

傾向と対策⑦ ······ 100

第8ステージ インテリア、内装、キッチンの打ち合わせ
標準仕様とオプションとの差に仰天！ ······ 103

その頃ハウスメーカーでは…⑤
「地盤調査をしてない！」で大慌て ······ 107

傾向と対策⑧ ······ 109

第9ステージ 着工前の最終打ち合わせ
変更や最終確認は念入りに ······ 110

その頃ハウスメーカーでは…⑥
着工前会議で問題になること ······ 114

傾向と対策⑨ ······ 116

第10ステージ 追加変更契約
変更後の見積りと工程表の確認 ······ 118

傾向と対策⑩ ······ 121

第2部のまとめ ······ 122

第3部 着工から完成まで――工事の不手際を見抜く技術

メーカー任せにすると危ない現場のチェックポイント
建築現場の実際のやり取りと写真で解説！

ハウスメーカーの着工会議を覗いてみよう ……………………………………127

第1ステージ　地鎮祭と地縄確認 ………………………………………………128

第2ステージ　現場訪問（仮設工事と山止め工事の落とし穴）………………131

第3ステージ　ホームインスペクターによる現場チェック …………………134

第4ステージ　引渡しとアフターメンテナンス ………………………………138

第4部 ホームインスペクターが見抜いた現場

ホームインスペクター・市村が実際に見た
建築現場のトラブル事例を紹介！……………………………………………149

【地縄編1】土台が地盤より低くなってしまった？ ……………………………158

【地縄編2】隣りの敷地に軒が出てしまう？ ……………………………………160

【基礎編1】基礎を全部やり替えることになる？ ………………………………162

【基礎編2】アンカーボルトが傾いたおかげで！ ………………………………165

【上棟編1】柱の木材が図面と違う？ ……………………………………………167

【上棟編2】梅雨時の建て方工事に注意 …………………………………………169

【防水工事編】引き渡し前の建売住宅で雨漏りを発見！………………………171

【断熱工事編】不良施工では断熱の意味がない！………………………………173

【竣工検査編】多くの不良施工は、不十分な社内検査に起因 …………………174

— 第1部 —

自分に合ったハウスメーカーを選ぶ技術

ハウスメーカー22社
選ぶポイントと実際に見てわかった独自評価

評価にあたって

今回はハウスメーカー22社を評価することにしたが、この22社の中には一部特殊な構造材や設備システムなど（あるいはそれらを使った工法）を工務店に供給するだけのメーカーも含まれる。それらは厳密に言えばハウスメーカーではないとも言えるし、いわゆるFC展開のメーカーの場合と同様に、設計や施工の責任は実際に家を建てた工務店（契約当事者）にあるという場合が多い。

しかし、その場合でも施主は、工務店の魅力よりも工法やシステムを売りにした商品のブランドに惹かれて依頼先を選択しているケースが多いこと、また、メーカーの側も自社のシステムを使ったモデルハウスなどを紹介している場合が多いことなどから、広い意味で言えば、そうしたメーカーもハウスメーカーと言えると判断し、ここに取り上げた。

今回の評価は、極力私自身が施主の方々から実際にインスペクション（第三者チェック）の依頼を受け、施主側の立場で設計図の精査、契約内容の精査、現場の各工程の検査を実施した実例をもとにしているが、一部インスペクションの実例がゼロというメーカーもある。その場合は、信頼する業界内部の複数の人間からの情報や、たまたまそのメーカーの現場を目撃したり、現場の職人から話を聞いたりした情報などを総合し、客観的な評価を心がけた。

また、インスペクションの実例があってもその回数が多いメーカーと少ないメーカーがあり、特に少ない実例に基づく全体評価には問題がある、とのご指摘を受けることもあると思う。しかし、いずれの実例も、すべてこの目で見た事実であることに変わりはなく、その意味で評価ポジションの公平さは保ったつもりである。

「家づくり」という、施主にとっては一生に一度あるかないかの大事業を担うハウスメーカーの社会的責任は大きい。だからこそ「ミスやクレームが起きるのは仕方がない」という姿勢ではなく、改善すべき点は大いに改善しようといった動きがこれから始まることを期待している。

ハウスメーカー評価基準

1 経営力
資本金・IR情報(投資家向け公開情報)・年間受注額(棟数)等のデータに基づいた評価と過去の実績評価。

2 商品力
商品の選択肢の広さ、モデルハウスやショールーム等の充実度で評価。

3 営業力
実際にインスペクションをしたハウスメーカーは、担当営業マンのスキル・モラルおよび会社のバックアップ体制の良否で評価した。インスペクションの実績のないハウスメーカーは独自の情報により評価した。

4 設計力
クライアントからの依頼に基づき、基本設計から実施設計まで精査した中で指摘した設計ミス事例を考慮して評価している。インスペクションの実績のないハウスメーカーは独自の情報により評価した。

5 現場体制
着工から竣工まで通常10回程度の現場検査を実施しているが、各工程ごとの検査で是正の程度(工事途中で駆け込みで相談に来た現場の中に、ひどい事例では基礎を解体あるいは上棟段階で解体といった事例もある)とその後の対応の良否を基準に評価している。インスペクションの実績のないハウスメーカーは独自の情報により評価した。

6 アフター体制
引き渡し後の定期点検の実施の有無やアフターの対応の良否によって評価している。

データ中の「シェア」「供給戸数」は『2014年版・全国住宅・マンション供給調査企業別ランキング』(市場経済研究所発行)に基づき、集計したもの。同書に掲載のないメーカーについてはブランクとした。

プレハブ（鉄骨系）※一部木造軸組
営業地域／全国（沖縄を除く）

坪単価　低　中　高
総合評価　1　2　3　4　5

積水ハウス

- 正式社名　　　　積水ハウス株式会社
- 設立　　　　　　1960年8月1日
- 2012年度シェア　1位
- 2012年度供給戸数　40,626戸
- ホームページ　　http://www.sekisuihouse.co.jp

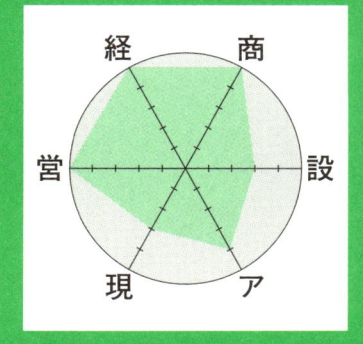

比較検討すべきメーカー
鉄骨系ならヘーベルハウス、ダイワハウス、パナホーム。
木造系なら三井ホーム、住友林業、スウェーデンハウスなど。

日本最大のハウスメーカーだが、工事担当者のスキルに問題も

営業段階では「どんな間取りでも対応できる」と営業トークをするが、鉄骨系の住宅は工業化認定商品であり、他の工法に比べれば設計上の制約がある。実際に施主からは、営業段階では、どんなご希望でも叶えてもらえるといった感じを受けたのに、設計の段階になると、社内設計基準で間取りの変更ができないと言われたり、全館空調システムの採用（鉄骨系）をなんとかやめさせようと説得されたなどの不満の声も聞く。

年間の着工棟数が多いので、必然的にインスペクションの依頼も多い。工事担当者の主な仕事は、顧客管理・工程管理・品質管理・資材発注等であるが、実際には工事担当者は多くの現場を抱えており、品質管理を100％子会社の施工会社・積和建設の工事担当者にほぼ任せているといっても過言ではないと思われる。それが顕著に現れるのが、こちらから工事担当者に技術的な難点や疑問点を指摘したときだ。技術的に気にかかるところや構造上問題があると思われる点を指摘すると、大抵は「施工マニュアル通りですから」「構造計算は社外秘」という答えが返ってくる。だが、さらに突っ込んで

― 第1部 ―　自分に合ったハウスメーカーを選ぶ技術

特　徴

ご存知の通り、業界No.1、日本で最大の実績を誇るハウスメーカーで、沖縄を除く全国に展示場・事業所を展開している。価格体系は、低価格帯から高価格帯、坪単価50万円台から80万円台まで、工法も、鉄骨系を中心に木造まで幅広い商品群を用意している。「住まいの参観日」や「現場見学会」、展示場での「催しもの」など、全国各地でさまざまなイベントを開催。毎年秋に（一部地域では春も）開催される「住まいの参観日」では、施主の街に建つ入居前の、できたての積水ハウスを見学できる。また、全国6カ所に「積水ハウスのすべてがわかる」とのうたい文句である体験型施設〈住まいの夢工場〉を設け、顧客を案内して営業の決め手としている。メーカーとしての評価はものすごく高いが、クレーム対応に難点も…

質問すると、その場で答えられない担当者が多いことに驚く。

また、現場の検査体制についても疑問符が付く。社内の検査課の担当者が現場検査を実施しているようだが、「マニュアル」のチェックリストを手に、通り一遍のチェックを行っている印象を受ける。というのは、社内検査が完了した段階で、私が検査に出向いて是正を指摘することがよくあるからだ。なかには上棟検査の段階でダインコンクリートがぼろぼろに剥がれてしまったり、鉄骨の梁が歪んだまま取り付けられていたということがあった。こうした不具合は、特に検査機器を使用せず、私が目視で発見したものである。

もちろん、大手だけに対応はしっかりしている。前述した上棟検査時にダインコンクリートの表面が剥がれたパネルの場合は、きちんと理由を説明した上で数十枚を新規に交換した。

また、木造住宅のシャーウッドは、鉄骨系に比べてはるかに受注棟数が少ないためか、工事担当者も木造の特性を理解していない社員が見受けられる。

何事もなく無事に進めば、非常に満足度は高く、メーカーとしての評価もものすごく高い。だが、一度問題が発生すると、クレームの度合いが他のメーカーに比べて大きい。クレームの対応があまり良くないからである。

プレハブ（鉄骨ALC造）	坪単価	低 **中** 高
営業地域／全国（沖縄を除く）	総合評価	1 2 3 **4** 5

旭化成ヘーベルハウス

- 正式社名　　旭化成ホームズ株式会社
- 設立　　　　1972年11月
- 2012年度シェア　4位
- 2012年度供給戸数　15,376戸
- ホームページ　http://www.asahi-kasei.co.jp/hebel/

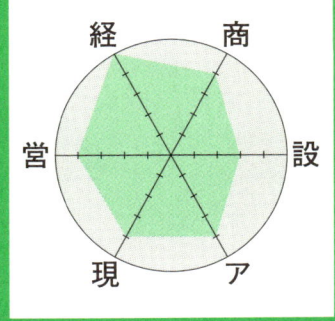

比較検討すべきメーカー
鉄骨系なら積水ハウス、ダイワハウス、パナホーム。同価格帯なら三井ホーム、スウェーデンハウスなど。

圧倒的な耐久性で固定ファンも多い
社内検査部の検査は最も充実

いち早くロングライフ住宅を提唱し、基本性能を60年先まで維持する、独自のメンテナンス・点検システムを構築している。

このメーカーは、重量鉄骨を採用していることから、機能と構造を優先する感がある。モジュールの関係から間取りの制約は多いようで、外観もどちらかといえば四角く硬いイメージのデザインになる。いわゆる寄棟や切妻の屋根の家はない。男性受けは良いが、女性人気はいまひとつという印象がある。実際、施主の職業を聞くと、いわゆる理工系や理論派の人が多いようである。質実剛健のイメージからそのような傾向になるのかもしれない。

家づくりの際に検討した施主から異口同音に聞くのが、「ヘーベルハウスは高い」という声だが、そもそも使われる鉄骨が他社と違うので、この判断は難しい。その反面、耐震強度については、ハウスメーカーの中で一番ではないかという印象を抱いている施主が多いことも事実である。また、前述のような制約があるので、設計段階では非常に保守的で自由度が低いという声が多い。デザインをとるか強さをとるかで悩む人が多いようである。

14

―第1部― 自分に合ったハウスメーカーを選ぶ技術

特　徴

「ロングライフ住宅」でファンも多い鉄骨系ハウスメーカーである。鉄骨系のメーカーは、軽量鉄骨を採用している会社が多い中で重量鉄骨を使用し、構造体力の強さを強調。60年点検システムを採用したことで、60年以上メンテナンス不要の耐久性を強調する手法で安心感を打ち出し、営業を展開している。モジュールの関係から間取りの制約は多いようだが、トラブル事例は少なく、採用した施主からの評判がいい。営業地域に北陸・東北・北海道といった寒冷地域がないのは、外壁や床、ベランダなどに使用しているヘーベル板（軽量気泡コンクリート）が凍害に弱いためであるからだろう。間取りの制約は多いようだが、耐震性・耐久性を重視する施主が採用。

技術面では、『ネオマフォーム』という旭化成グループの板状の断熱材で鉄骨の外部側を覆ってしまい、鉄骨系の弱点であるヒートブリッジ（熱橋。熱しやすく冷めやすいので結露などの原因になる）対策を考慮しているが、数年前の商品からは、断熱処理が大きく変わったようだ。

現場の検査体制を見ると、ハウスメーカーの中では、社内検査部の検査が一番しっかりしている印象がある。工事担当者の話では、民間の検査機関で検査が通っても社内検査部でNGとなることがよくあるそうだ。この辺りが、ロングライフ住宅を提唱する自信の表れかもしれない。

基礎工事のレベルの高さには定評があるが、現場でのトラブル事例では、（非常に特殊な事例ではあるが）基礎工事がすべてやり替えになった現場に立ち会ったことがある。コンクリートの専門家の判定でNGとなったのだが、やり替えに際しては真摯な態度で対応していたことを記憶している。

また、基礎工事では標準基礎の場合なら問題となることはまずないが、深基礎などの特殊基礎の場合に打ち継ぎ箇所の不具合が出た事例がある。もっともこれは、ヘーベルハウスに限らず、ほとんどのハウスメーカーで見られる事例である。

木造軸組（在来）	坪単価	低 **中** 高
営業地域／全国（一部地域を除く）	総合評価	1 2 3 **4** 5

住友林業

- 正式社名　　　住友林業株式会社
- 設立　　　　　1975年（注文住宅事業は1971年）
- 2012年度シェア　7位
- 2012年度供給戸数　9,253戸
- ホームページ　http://sfc.jp/ie/

比較検討すべきメーカー
木造軸組では積水ハウス（シャーウッド）、一条工務店、ツーバイフォーでは三井ホーム、三菱地所ホーム、東急ホームズなど。

木造軸組ではひとり勝ちだが、アフター対応が問題との声も

木の感触にこだわって住友林業を選択する顧客が多いようだが、コストによって使う木材の樹種が異なるため、思っていたのと違ったといった声をよく聞く。

このメーカーで比較的目立つのは、営業→設計→工事→アフターという流れの中の情報伝達が良くないということである。たとえば、営業段階で窓の位置の変更希望を出したのに、設計図は変更されていなかったり、なかには平面図に記入されている窓の位置と、施工図に記入されている窓の位置が違っていて、現場でもそれに気づかず施工してしまい、上棟打ち合わせの時に顧客から指摘されるといったこともあった。

現場で目立つのは、売りのひとつである「きずれパネル」の釘打ち不良である。「きずれパネル」は、木材を斜め格子状に組んだパネルで、木材同士の交点に釘を打ちつけて柱に固定するが、木材が裂けていたり釘が外れていたりする現象をかなり見かける。

また、このメーカーでは特に自由設計の度合いがかなり高いので、設計の人には負担がかかる。私とのメールのやり取りの中でも、深夜

― 第1部 ―　自分に合ったハウスメーカーを選ぶ技術

特　徴

木造軸組工法のトップメーカーであり、「木の家」指向の人たちの人気が高い。日本の森林を自社で所有しているので国産材を多用すると謳っているが、実際には輸入材も多く使用されている。元々は純和風のテイストからスタートしたが、その後、和洋折衷や洋風のデザインを取り入れた商品を発表してきている。特徴は構造用合板の代わりに、「きずれパネル」という格子状のパネルを採用していることである。設計は社内設計であるが、私の見た限りでは設計ミスが目立つようだ。木造軸組のメーカーが相次いで撤退した中で、設計担当者の業務量が増加したにもかかわらず、社員の増員がないのだろうか。営業→設計→工事→アフターの情報伝達が良くないのが気になる。

顧客の希望でマニュアルにはないデザインを取り入れた場合、設計図にそのディテールが書いてないので現場合わせとなる。だが、実際には現場で打ち合わせするというよりほとんど職人任せとなっていて、間違いがあっても工事担当者が気づかないことも多い。最近の例では、玄関ポーチの化粧柱で問題が出た。マニュアルではポーチ土間コンクリートの上に化粧柱が載るパターンの図面はあるのだが、このときは高い基礎の上に化粧柱が載るおさまり。基礎の幅が小さいのでアンカーボルトがおさまらず、基礎にひびが入ってしまっていたというものだ。上棟検査時に私が指摘するまで、誰も気づいていなかった。

施工は100％子会社の住友林業ホームエンジニアリングの直施工部隊が40％程度、その他は外部工務店への発注形式をとっている。工務店発注の場合、工務店により現場の品質管理にばらつきがあるのはハウスメーカー全体の問題と言える。

また、よく聞くのが引き渡し後のアフター対応の問題である。具合の悪い箇所を何度指摘しても直しに来てくれないとか、定期点検の時期になっても点検に来ないといった話を聞くことが多い。

の時間帯にメールが届くことが多い。オーバーワークになっていることが推察される。

17

プレハブ(鉄骨系ユニット／2×4)	坪単価	低 **中** 高
営業地域／全国(沖縄を除く)	総合評価	1 2 **3** 4 5

セキスイハイム

- ● 正式社名　　　　積水化学工業株式会社
- ● 設立　　　　　　1947年3月3日(注文住宅事業は1971年)
- ● 2012年度シェア　3位
- ● 2012年度供給戸数　16,240戸
- ● ホームページ　　http://www.sekisuiheim.com/

比較検討すべきメーカー
鉄骨系ではトヨタホーム、ダイワハウス、パナホーム、木質系ではミサワホーム、ヤマダ・エスバイエルなど。

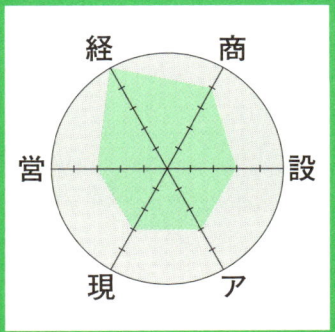

ユニット工法で現場工期が短く、仮住まいも短いのが最大の特徴

工場で大半をつくってしまうので、現場工期が短いことが営業段階での売りだが、契約してからユニットを製作するのにそれなりの時間がかかる。契約段階から竣工(完成)までの期間で比較すれば、木造系や鉄骨系メーカーと比べて短期間とは言えない。

建て替え時の仮住まい期間が短くてすむという、現場工期が短いことのメリットを感じて検討する顧客が多い。ただし、他のメーカーと競合した場合、契約までの時間が極端に短いようで、早めに契約を迫られることに不満を抱く声があるようである。

ユニット工法の最大の問題は、ユニットを現場で組み上げるときに天候に左右されることである。雨の日に組み上げると断熱材や内装仕上げに影響が出るので、工事担当者は常に天気予報とにらめっこだが、組み上げ中に急に雨が降ってきたときの工事担当者の対応が悪いと、ユニットそのものを交換せざるを得ない危険性がある。たまたま目撃した事例だが、木質系のユニットの建て方工事をしていて、真夏の昼間に急に夕立となり、ものすごい雨が降ってきた。どうするのか見ていたら、吊り上げたユニットをそのままセットし始

18

特　徴

家をある程度工場で組み立てて現場に持ってくるというユニット工法のメーカーで、鉄骨系とツーバイフォー系の２種類の工法が選択できるが、鉄骨系ユニット工法のシェアのほうが高い。一時代前にはプレハブのイメージだったが、このイメージは払拭され、完成した家はプレハブとは思えない出来である。ただし、プレハブだから安いといったイメージは間違いで、建築単価は高い部類に入るといってよいだろう。最近は太陽光発電を売りに主力商品化して、エネルギー自足住宅『Smart Power Station』や『あったかハイム』といった環境問題に取り組む姿勢を見せているのが特徴だ。営業→設計→工事→アフターの情報伝達が良くないのが気になる。

ほとんど工場でつくる工業化製品で、現場ではユニットを組み上げるだけなので、必然的にインスペクションの依頼は少ない。検査するのは基礎だけだ。私が関わったインスペクションでの事例では、基礎工事の配筋の間違いを指摘したことがあるが、大きなトラブルではなかった。極端な話、１日で建ってしまうので、雨対策がしっかりできる工事担当者であれば、現場での作業工程で大きな問題は出にくいのが、このメーカーの工法の特徴でもある。

以前はトラックやクレーンが入れないとユニットの組立てができないので、敷地と道路条件によって建てられなかったが、最近では細い道でも入れる特殊なクレーンを利用できるようになり、結構融通が利くようになった。

ただし、ユニットを組んでいくという特性から、狭小地や変形敷地には対応しづらい面もあるようだ。

めたではないか。ユニットがずぶぬれの状態でもそのまま工事を進めてしまったのを目撃し、唖然としたことがある。もちろん、このような例はたまたまなのかもしれないが、あってはならないことだと思う。

| プレハブ（鉄骨系）※一部木造軸組 | 坪単価 | 低 中 高 |
| 営業地域／全国（沖縄を除く） | 総合評価 | 1 2 **3** 4 5 |

ダイワハウス

- 正式社名　　　　大和ハウス工業株式会社
- 設立　　　　　　1947年3月4日（創業1955年4月5日）
- 2012年度シェア　2位
- 2012年度供給戸数　37,441戸
- ホームページ　　http://www.daiwahouse.co.jp/

比較検討すべきメーカー
鉄骨系なら積水ハウス、ヘーベルハウス、セキスイハイム、パナホーム。木造系なら三井ホーム、住友林業など。

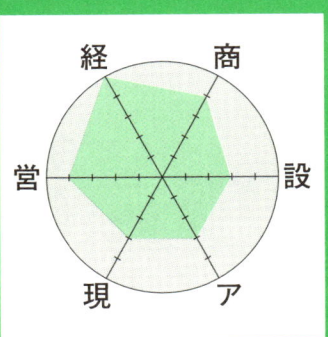

関東より関西のほうが高レベル？
外張り断熱方式の採用で話題に

『xevo（ジーヴォ）』をメインブランドとして、多彩な住宅商品をラインナップしている。

外張り断熱方式を採用して、テレビコマーシャルが一時期話題になった。この方式は建て方工事中の雨養生に問題を含んでおり、断熱材が濡れたままで施工されてしまう恐れがある。

現場で起きたトラブル事例では、2階床の下地が、契約時の図面ではALC板になっていたのに、工事用図面では木質パネルに変更されていたケースがあった。このインスペクション依頼者は、契約時と工事用の図面が異なっていることから疑問を抱き、上棟段階でご相談に来られた。原因は単純な設計段階でのミスで、現場で間違ったまま施工されてしまったということだった（基礎を残してすべて解体し、やり替えてもらったことは言うまでもない）。

また、木造系住宅を建てられた方から、引き渡し後のアフターの対応が悪いという評価が届いたことがある。

西のエリアでは高知県・三重県でインスペクションをした事例があるが、関西エリアの現場のほうが関東地区に比べてしっかりしてい

― 第1部 ―　自分に合ったハウスメーカーを選ぶ技術

特　徴

　IR情報の売上高は積水ハウスより多いが、マンション事業やロードサイド型店舗事業など事業を拡大しているからで、注文住宅事業ではNo.2のハウスメーカーになる。沖縄県も含めて全国展開をしているが、関西地区でのシェアが高く、関東地区ではやや営業力が弱いようである。元々は鉄骨系メーカーだったが、2001年に大和団地を吸収合併してからは、積水ハウス同様に鉄骨系を中心に木造住宅も展開している。鉄骨系は工業化認定工法による鉄骨系住宅で、間取りの自由度は積水ハウス同様に制限がある。鉄骨系・木造系3階建ての他に、首都圏限定で重量鉄骨ラーメン構造の4・5階建て住宅商品『skye〜スカイエ』も用意し、都市型ニーズにも応えている。資材の現場納品ミスが目立つ？建て方工事中の雨養生に問題あり。

　という印象がある。工事担当者のスキル・モラルも同様で、関東地区の木造系の現場は、2例とも木造の特質・注意点をよく知らない工事担当者であった。木造系は木造専業メーカーに比べると後発の弱みがあり、木造の知識や設計・工事担当者のスキルの点で劣るという感がある。

　また、品番違いによる現場納品ミスが目立つようだ。これは営業→設計→工事への連携が悪いという人的な問題と、資材発注のシステムに問題があるのではないだろうか。施主は、決めた部材の品番を記録しておき、着工前に確認をしたほうがいいようである。

　問題は、雨風の強い季節の建て方（構造体の組み上げ）工事で、二つの問題がある。一つは、外壁パネルにあるダクト等の穴である。この穴を養生（保護）するために紙を張って現場に納入されるのだが、破損したりはがれたりする事例を多く見かける。これでは中に雨が浸入し、断熱材を濡らしてしまう。もう一つは、軒天井を施工する前は、2階の壁と屋根の間にタルキ分の隙間があるので、そこから内部に雨が浸入してしまうという点。養生をしていても強風で養生がはがれて悲惨なことになる事例がある。工事中の雨対策も重要ポイントとして徹底してもらいたい。

	2×4（2×6を含む）	坪単価	低 **中** 高
	営業地域／全国（沖縄を除く）	総合評価	1 2 3 **4** 5

三井ホーム

- 正式社名　　　三井ホーム株式会社
- 設立　　　　　1974年10月11日
- 2012年度シェア　11位
- 2012年度供給戸数　5,644戸
- ホームページ　http://www.mitsuihome.co.jp/

比較検討すべきメーカー

三菱地所ホーム、東急ホームズ、スウェーデンハウス、積水ハウス（シャーウッド）など。

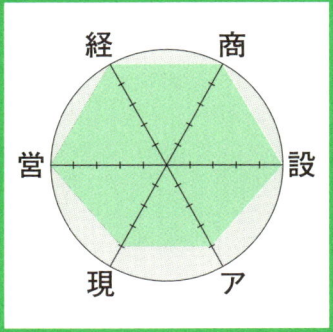

2×4のトップメーカー 大事な防水施工のスキルは一番

このメーカーは、ソフト面においては住宅業界をリードしてきたといえよう。特に高価格帯の部門では独壇場であったが、バブル崩壊以降は企画タイプの商品を開発するなど、多彩な商品ラインナップを設け、幅広いニーズに対応している。全国展開をしているが、一部地域ではフランチャイズ展開をして三井ホームから社員を出向させている。この場合、地域の工務店の経営スタンスによっては直営の営業・設計・工事体制に比べ、ばらつきが生じるようである。

設計の自由度が高いので、鉄骨系メーカーと競合した場合は、設計提案で優位に立つのは間違いないと言える。断熱材を構造用合板でサンドイッチしたダブルシールドパネルを屋根に使用しているが、これは他社にはない優れた断熱性能がある。

高価格帯を建てる施主は社会的な地位の高い人も多く、中には仕事の進め方や提案に不満を持つ声も聞こえてくる。だが、一般的には満足度の高い評価が多いようだ。もちろん、担当する社員や下請けによってハズレがあるが、これはどのハウスメーカーにも見られることで、ハズレが少ないほうだと言えるのではないだろうか。

22

― 第1部 ― 自分に合ったハウスメーカーを選ぶ技術

特　徴

　三井不動産の子会社として設立され、経営トップは三井不動産から迎えている。日本でいち早くツーバイフォーを採用し、ツーバイフォーのリーディングカンパニーを自認しており、歴代社長が日本ツーバイフォー建築協会の会長を務めている。ハウスメーカーの中ではいち早く設計を外部の設計事務所に、施工を外部の工務店に委託する仕組みで業績を伸ばした。現在では設計事務所を子会社化し、また施工部門も直施工（社内施工）部隊を設けて外部委託との併用となっている。社員営業マンはガツガツしている感じがなく、いかにも紳士的応対で嫌みはないが、逆に押しが弱い面もあるようだ。一部地域ではフランチャイズ展開だが、一般的には満足度の高い評価が多い。

　基礎に関してはフルベースとシングルベタ基礎の2種類がある。フルベース基礎は鉄筋が直径10ミリしかないため、職人が乗ると曲がってしまうことがある。逆に3階建の基礎は地中梁形式の基礎で、鉄筋量が多すぎて流した生コンクリートが回りきらないという施工の不具合が目立つ。

　木造系、特にツーバイフォーでは建て方工事中の雨により使用している木材が濡れてしまうことがある。現場によってはこのような事例を見かけることがある。特に梅雨や台風のシーズンに顕著だ。ツーバイフォーの建て方工事には、工場で予め壁と床のパネルを製作して現場で組み立てる「パネル建て方」と、すべてを現場で大工が組み立てる「現場枠組み」があるが、後者の場合は建て方が完了するまでの日数が長いので雨にあたる可能性が高い。一方のパネル建て方は道路や敷地条件によっては採用できないことがある。過去に雨漏りで相当数のクレームの経験があったためか、防水施工に関しては木造系のメーカーでは一番慎重で丁寧な施工をするメーカーだといえよう。

　最近では2013年の秋に、東京の銀座に都内初のツーバイフォー木造耐火建築5階建て店舗併用共同住宅を建築して話題になった。

23

プレハブ（鉄骨系／木質系）	坪単価	低 中 高
営業地域／全国（沖縄を除く）	総合評価	1 2 **3** 4 5

ミサワホーム

- 正式社名　　ミサワホーム株式会社
- 設立　　　　2003年8月1日（旧ミサワホーム設立は1967年10月）
- 2012年度シェア　5位
- 2012年度供給戸数　12,465戸
- ホームページ　http://www.misawa.co.jp/

比較検討すべきメーカー
木質パネル系ではヤマダ・エスバイエル、ツーバイフォーでは三菱地所ホーム、東急ホームズなど。

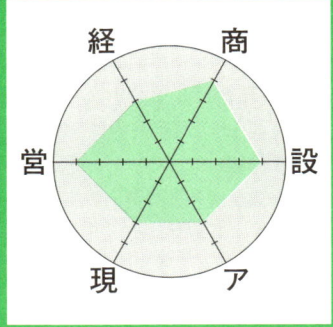

木質プレハブ工法のトップメーカー 大空間収納の「蔵のある家」が特徴

「蔵のある家」は、建築基準法上1・4メートル以下の天井の高さであれば、床面積に算入しなくてよい（行政指導により細かな規定はあるが）ことから、スキップフロアーを採用して2階の床面積のおよそ半分の面積の収納部屋を設けたというものだ。

6面の構造体の間で隙間のない真のモノコック構造にすることで、外力をうまく分散する高剛性の家としているが、木質パネルの壁厚さは90ミリしかなく、（たとえばツーバイフォーでは最低でも110ミリある）ペラペラ感は否めない。また木質パネルは接着剤を多用しているので、においに敏感な人は室内で異臭を感じることがあるようだ。

基礎は、木造系では唯一といっていいと思うが、ベース部分と立ち上がり部分の生コンクリートを一体で打ちこむメーカーである。鉄骨系の基礎はほとんどが一体打ちであるが、木造系では珍しく、打ち継ぎ箇所がないのでよいことだと思う。

アフター対応については、ディーラーを統廃合した時期に引き渡しを受けた顧客にトラブルが多くあったようだ。5年前に引き渡

― 第1部 ― 自分に合ったハウスメーカーを選ぶ技術

特　徴

木質プレハブとしての歴史は古く、業界ナンバーワンと言える。バブル期の事業多角化の失敗により経営破綻したが、産業再生機構の支援によって、トヨタホームを再生スポンサーとして立ち直った。再生に際してそれまで全国に110前後あった代理店を統廃合。関東エリアでもディーラーとして存続したのは数社に留まる。ミサワホームは、メーカーとして木質パネルや部材の開発と販売をしている会社で、実際の営業設計施工はディーラーが行う。何といっても特徴は「蔵のある家」として売り出した収納付き住宅である。大収納空間を実現し、看板商品となった。木質パネルのペラペラ感は否めない。再建時にアフター対応でトラブルも。

を受けたUさんの相談事例は、建物が常に揺れを感じる・壁のパネルの施工が悪く曲がっている・床が水平ではない等のクレームをメーカーに申し入れしたが対応が悪く、原因追求までに3年、改修工事の結論が出るまでに5年も時間を要している。やっと2008年12月に仮住まいに引っ越しをしてから改修工事に入ることになったが、その間の精神的な負担はかなりのものだったに違いない。ディーラーの統廃合に伴うメーカー内の混乱を、顧客にそのまま持ち込んだ結果といえよう。

近年は多様化する顧客の要望に応えるために、木質パネルだけではなく、木造軸組工法／2×4工法／鉄骨軸組工法／RC工法等の工法にも取り組んでいる。

2013年11月に子会社が建設した一部の建物（全国で1619棟）で施工不備が判明し、国土交通省から住宅購入者等の利益保護等に万全を期すよう求められ、必要な対策を講じるよう指示を受けた（ミサワホームは「構造安全性には問題ない」と報告）。また、同社が報告したもの以外の同様の仕様のプレハブ住宅について、実際に建築された住宅のサンプル調査を実施し、施工不備の有無等を国土交通省に報告するよう求められた。

25

| 木質パネル | 坪単価 | 低 | 中 | **高** |
| 営業地域／全国（一部地域を除く） | 総合評価 | 1 | 2 | 3 | **4** | 5 |

スウェーデンハウス

- 正式社名　　スウェーデンハウス株式会社
- 設立　　　　1984年3月1日
- 2012年度シェア　19位
- 2012年度供給戸数　1,249戸
- ホームページ　http://www.swedenhouse.co.jp/

比較検討すべきメーカー
東急ホームズ、天草ハウジング、ロイヤルフォートスウェーデン、その他輸入住宅メーカー

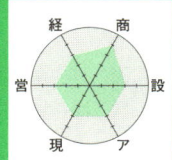

特徴　北欧の住まいをそのまま日本で再現し、北欧好きな人に絶大な人気を誇る、輸入住宅のトップメーカーと言える存在。三重ガラスサッシと高気密が売り。営業から設計、工事までひとりの担当営業マンが継続して打ち合わせに同席するので、他のメーカーに比べて情報伝達力に優れている。

北欧テイストが好きなら満足度が高い　窓構造や高気密ゆえ、事前のプラン熟考がカギ

施主の満足度は比較的高いようだが、これは北欧テイストが気に入って、初めから他社は検討せずにスウェーデンハウスに決めている人が多いこともあるだろう。

ここのサッシは塗装のメンテナンスが面倒臭いという声を聞くが、本来、木製サッシは数年ごとにメンテナンスする必要があるのでこれは仕方ない。サッシは三重ガラスのトップターン方式（サッシが縦に回転して開く方式）で重量があり、子供には操作が大変なので注意を要する。また、隣地境界との距離がない場合は全開できないので、途中で止まるようにストッパーをつけることになる。内部ドアや内装材にパイン材を多用して見た目はいいが、傷が付きやすい点は覚悟しておく必要があるだろう。

同社では過去に大きな問題に直面したことはないが、パネルの建て方工事の時、ミサワホームなどと同様に雨が大敵となる。

住空間の気密性は高いが、逆にいえば外部からの雨が侵入しにくいので内部の音が響きやすい。あらかじめ部屋の配置をよく検討してプランを立てることをお勧めする。

| プレハブ（コンクリート系）／2×4 | 坪単価 | 低 | **中** | 高 |
| 営業地域／全国（商品により異なる） | 総合評価 | 1 2 **3** 4 5 |

大成建設ハウジング

- 正式社名　　大成建設ハウジング株式会社
- 設立　　　　1997年11月19日
- 2012年度シェア　25位
- 2012年度供給戸数　850戸
- ホームページ　http://www.housing-taisei.co.jp

比較検討すべきメーカー
プレキャストコンクリート系は、他にレスコハウスしかない。鉄骨系と競合も。

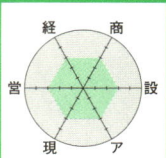

特徴
大成建設の住宅事業部としてスタートし、当初は木質系の『パルウッド』との2本立てで営業をしていたが、最近では鉄筋コンクリート住宅『パルコン』を主力としている。設計の自由度はあまり高くないが、コンクリートは地震や火災などの災害に強いというイメージを持つ人たちの選択肢になっているようである。仕事の進め方が固いという印象。着工まではかなりの時間が必要。

「ゼネコンの総合力」が売りだが、設計の自由度はあまり高くない

「ゼネコンの総合力」が謳い文句であるが、私の印象では仕事の進め方が固く、フットワークが軽い感じではない。また、プレキャスト板の製作寸法に左右されるため設計の自由度が高いとは言えない。プレキャスト板の製作は、契約後の確認申請の提出時でないと着手しないので、契約から着工まではかなりの時間が必要となる。

また、プレキャスト板の搬入や建て込みには敷地条件と道路条件が大きく左右するので、条件が悪いと営業段階で断りを入れてくることがある。ここ最近は外部のデザインに力を入れて、それなりに施主の受けが良い印象がある。

現場は下請けの工務店に発注しているが、基礎に関しては現場工となり、ゼネコンのように常駐管理をしていない。いかにもハウスメーカーの基礎工事といった感がしてならない。

パネル同士を緊結するシース筋と呼ばれる鉄筋の設置でも、設計段階で十分に検討されないために基礎梁の鉄筋と干渉してしまい、まっすぐに施工できないことが多い。もう少し設計段階で、施工方法を検討する必要があると思うのだが。

27

プレハブ（鉄骨系ユニット）　坪単価　低　中　高
営業地域／全国　総合評価　1　2　3　4　5

パナホーム

- 正式社名　　　パナホーム株式会社
- 設立　　　　　1963年7月1日
- 2012年度シェア　6位
- 2012年度供給戸数　10,446戸
- ホームページ　http://www.panahome.jp

比較検討すべきメーカー
積水ハウス、ダイワハウス、トヨタホーム、その他鉄骨系プレハブメーカー

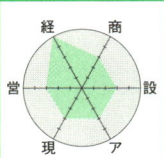

特徴

その名の通りパナソニック系列の住宅メーカー。他の鉄骨系ハウスメーカーと同様に工業化認定工法だが、隣地境界線ギリギリに建築できる「狭小地パネル」も売り。全国展開しているが、特に直営支店では評判が良い。東日本大震災以降は、「オール電化」を強調せず、基本品質へのこだわりをアピールしている。

過去に問題点を指摘した例もありできれば依頼はパナホーム直営店に

一番の特徴は、パナソニックグループで家が一軒できてしまうこと。創業者松下幸之助の言葉「住まいは人間形成の場」を家づくりの原点、理念としている。

営業マンのトークがうまく、契約時の見積りはパナホームが一番細かく拾ってきて、すごく分厚いので、本体の直営系列では満足度は高いようだ。しかし、協業会社や代理店（いまは全国で10社程度と少ない）では施工が悪い、アフター対応が悪いといった苦情も聞かれる。

私が調査した中で、基礎にひび割れが発生し、補修をさせたという事例が数件ある。

また、階段室や吹き抜けを設けた場合に、鉄骨の梁にヒートブリッジ（熱橋）が起こり、熱が伝わってしまうような断熱処理をしていたため、現場でたびたび断熱材の追加措置をさせている。

工事担当者は入社後の経験の浅い社員も多く、その場合、技術的な問題点の指摘能力には疑問符が付くと言わざるを得ないだろう。

28

| プレハブ (鉄骨系ユニットを含む) ほか | 坪単価 | 低 | **中** | 高 |
| 営業地域／全国 (北海道などを除く27都道府県) | 総合評価 | 1 2 **3** 4 5 |

トヨタホーム

- 正式社名　トヨタホーム株式会社
- 設立　2003年4月1日
- 2012年度シェア　12位
- 2012年度供給戸数　5,800戸
- ホームページ　http://www.toyotahome.co.jp

比較検討すべきメーカー
セキスイハイム（鉄骨系）、パナホーム、その他 鉄骨系プレハブメーカー

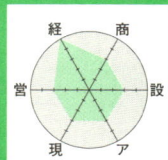

特徴　トヨタ自動車を筆頭にトヨタグループ10社を株主に持つ会社であり、設計自由度はユニット工法では低く、鉄骨軸組工法の方が、間取りの自由度も高いだろう。受注がトヨタ本社エリアの愛知県に集中するなど、全国展開には苦戦。ソフト面で他社に後れを取っていたが、最近は強化を図っているようである。

問題を指摘した事例もあったが愛知県エリアではシェアも評判もよい

車づくりの技術を住まいづくりに応用するトヨタホームは、地域により施主の評価が大きく異なる。圧倒的に受注の多い愛知県エリアにおいて悪い評価はあまり聞かないが、その他のエリアではクレームの多い代理店もあるので注意が必要だろう。

過去にインスペクションを実施したのは1件のみなので、他の現場も同様とは決して言えないが、その現場では大事な基礎工事の際、生コンクリート打ちに工事担当者が立ち会わないという状況だった。その後、基礎完了検査時にジャンカと呼ばれる生コンクリートの打ち込み不良が多数あり、一部やり替えをさせている。また、軸組工法であったが壁パネルの製作精度が悪く、パネルの交換も指示することになった。

独立後は、自動車をはじめ、環境、IT分野などで培われた株主各社の技術を活かしたトヨタグループの総合力をアピール。

また、トヨタ自動車が産業再生機構に入ったミサワホームの支援スポンサーになって以降は、ミサワとの技術提携や共同開発、共同分譲など関係を深めている。

	2×4
営業地域	首都圏・近畿圏 広島・宮城

坪単価 低 **中** 高

総合評価 1 2 3 **4** 5

三菱地所ホーム

- 正式社名　三菱地所ホーム株式会社
- 設立　1984年7月2日（開業1984年10月1日）
- 2012年度シェア　- 位
- 2012年度供給戸数　- 戸
- ホームページ　http://www.mitsubishi-home.com/

比較検討すべきメーカー
ツーバイフォーで比較するなら、三井ホーム、東急ホームズなど

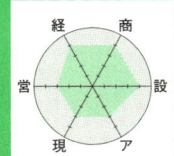

特徴
全館空調システム「エアロテック」を標準装備している点が大きな特徴。最近の傾向は団塊ジュニア世代を意識してか、都市型のシャープなデザインが目立つ。ツーバイフォーメーカーでは外部通気工法をいち早く採用し、吹き付け仕上げでもデラクリート板というセメントボード外装システムを採用している。

設計段階での細かな提案が多い 竣工が集中する時期は外すべし

三菱地所の住宅事業研究室が前身。三菱地所の100％子会社で、三菱グループ唯一のハウスメーカーである。三菱地所が大規模面開発をした分譲地に建売や注文住宅の実績を重ねてきた。現在は首都圏と関西エリアを中心に営業展開をしている。施主からは、社員が全体的に紳士的でよいとの声が多い。設計段階でもツーバイフォーの自由設計を謳っているだけに細かな部分の提案が多く、設計図面の作成量もハウスメーカーの中では多い方である。

施工は外部の工務店に発注しており、自社の直接施工はないようだ。また、同社は期末（3月）竣工の棟数が極端に多く、仕事が集中してしまうため、工事担当者や下請け工務店はオーバーワーク気味。できればこの時期を外して完成時期を考えた方がよいだろう。

現場のトラブル事例は、他のツーバイフォーメーカー同様で、梅雨時・台風シーズンの建て方工事のときに床合板を濡らしてしまい、乾燥させるのに相当な日数を要することが多い。

30

木造軸組／2×4(2×6)	坪単価	低 **中** 高
営業地域　東京・神奈川・千葉・埼玉・茨城の一部	総合評価	1 **2** 3 4 5

木下工務店

- 正式社名　　　　株式会社木下ホールディングス
- 設立　　　　　　1987年12月15日（創業1956年3月23日）
- 2012年度シェア　-位
- 2012年度供給戸数　-戸
- ホームページ　　http://www.kinoshita-koumuten.co.jp

比較検討すべきメーカー
住友不動産、ヤマダ・エスバイエルなど

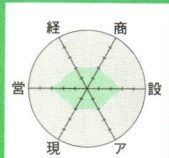

特徴
創業者は大工出身で、社員大工要請のための職業訓練校の経営もしていたが、経営不振に陥り、同姓の社長が経営する会社の傘下に入った。かつては木造軸組専業だったが、現在はツーバイフォーを主力にしたり、軸組に戻ったり、方向性が定まらない様子。企業買収があったため、社員の定着率が悪いとの噂も。

デザインを重視するあまり現場でのクオリティーに課題

デザインの人気は高いようだ。過去に、建築条件付きの建売住宅を検討していた方が、同社で間取りの提案を受け、相談に来られた。確かに外観デザインは良いものの、「これがツーバイフォー?」と思うほど設計基準に合わないプランだった。

残念ながらインスペクションの実績がないので、確かなことは言えないが、木造軸組工法の時代に比べて、現場のクオリティーは下がったという声を業界でよく聞く。設計段階の図面などを見ると、デザインにこだわりすぎる傾向があり、将来的に問題が出てきそうに思われる箇所も目立つ。

たまたまレベルの低い現場を見てしまったのであろうが、私がインスペクションの依頼を受けて検査を実施していた現場の隣が、木下工務店の工事中現場で、その基礎工事の時に生コンクリートを流し込んで翌々日には型枠を外していたのに驚いたことがある（本来であれば最低でも3日は養生しなければならない）。その後の建て方工事でも、雨養生は不完全な状態であった。

木造軸組（在来）	坪単価	低	中	高
営業地域／全国（北海道・沖縄を除く）	総合評価	1 **2** 3 4 5

一条工務店

- 正式社名　　株式会社一条工務店
- 設立　　　　1978年9月
- 2012年度シェア　9位
- 2012年度供給戸数　8,463戸
- ホームページ　http://www.ichijo.co.jp

比較検討すべきメーカー
住友林業、東日本ハウス、その他、在来工法のメーカー

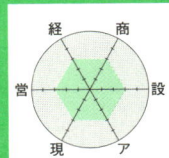

特徴　直営と代理店があり、地域によって施工にばらつきがみられる。「夢の家 I-HEAD構法」─で高気密・高断熱を標準とし、いち早く免震装置を手掛けた。設計はやや画一的で、外観デザインを見れば一条工務店の建物とすぐわかる。自社にプレカット工場を持ち、全国のグループ会社に納品をしているようだ。

施主の評価は両極端
現場では、防水処理に課題あり

洋館シリーズもラインナップしているが、和風住宅を求める施主には比較的評価が高い。そういう施主の中に「一条工務店ファン」的な人もいるようだ。

社員はいかにも純朴な雰囲気で顧客の受けは悪くないようだが、対応が「非常に良かった」声がある一方で、「非常に悪かった」という極端に違う声も聞く。

基礎工事に関し、大きな問題は見られなかったが、防水に関してはもう少し考慮する必要があるようだ。たとえば、使用するPVC（塩ビ）サッシの周囲に一次防水として防水テープを貼り合わせるが、幅が50ミリと狭いテープを使用している。PVCサッシはサッシのツバがアルミサッシに比べて肉厚のため、防水テープの幅が50ミリだと粘着力が弱く、将来ずれる恐れがあり、特に注意して欲しい点だ。

また、バルコニーの手すりの端部が外壁とぶつかる部分の防水処理も、防水テープだけで処理をしている。必ず現場で放水試験をして、水漏れがないかどうか確認しておいた方が無難だろう。

木質パネル		坪単価	低	**中**	高	
営業地域 / 関東・関西 東海・北陸		総合評価	1	**2**	3	4	5

レスコハウス

- 正式社名　レスコハウス株式会社
- 設立　1966年4月14日
- 2012年度シェア　- 位
- 2012年度供給戸数　- 戸
- ホームページ　http://www.rescohouse.co.jp

比較検討すべきメーカー

大成建設ハウジングなど

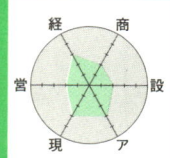

特徴　新日鉄住金の連結子会社のジオスター株式会社（旧社名「日本プレスコンクリート株式会社」）の100％出資子会社で、「鉄筋コンクリート住宅のパイオニア」と謳っている。元々プレキャストコンクリート板の製造メーカーで1960年代に建築部門を分離し、ハウスメーカーとしてレスコハウスをスタートさせた。

火災・地震に強い構造がウリだが、実際に見た現場にはそれ以前の問題が

WPC工法というブランドであるが、プレキャストコンクリート構造であり、同様の工法では大成建設ハウジングの「パルコン」があるが、板そのものも違うし、板の接合方法も異なる。

施工エリアは一部東海、関西地区もあるが、圧倒的に関東地区が主体である。プレキャストコンクリートを選択する施主は、元々防火地域に土地を所有していたり、火災・地震等の災害に強い構造を希望する人がほとんど。このニーズに対応できるメーカーは少ないため、自ずと特命に近い状況のようである。

相談を受けた事例は1件のみ。相談時の話を聞いて契約しないように勧めたが、契約してしまったためインスペクションに行った。営業マンは素朴な印象だったが、知識レベルが低くやるべきこともやらない、こちらからあれこれ指示を出すと、言ったことも聞いていないという、相当に質の悪い営業マンだった。1件しか見ていないので、たまたまかもしれない。全部がこうだとは思わないが、このケースでは設計にも問題があり、結局途中解約して別のメーカーで建てることになったのは事実である。

33

| 木造軸組 | 坪単価 | 低 | 中 | 高 |
| 営業地域／全国 | 総合評価 | 1 | 2 | 3 | 4 | 5 |

アイフルホーム

- 正式社名　　　株式会社LIXIL住宅研究所
- 設立　　　　　2002年3月12日（旧アイフルホームは1984年5月）
- 2012年度シェア　- 位
- 2012年度供給戸数　- 戸
- ホームページ　http://www.eyefulhome.jp

比較検討すべきメーカー
同じFC展開のユニバーサルホーム、アキュラホームなど

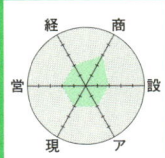

特徴　ハウスメーカーとしてのスタートは1984年で、FC（フランチャイズ）展開のメーカーとしては先駆けと言っていいだろう。本部は商品開発・資材供給・広告宣伝し、設計・施工は代理店が行い、契約当事者も代理店である工務店のため、代理店システム共通の本部と建築主との間には利害関係は一切ない。

とにかくローコストが売り 完成度はそれなりに高い

2000年にトステム株式会社の子会社となり、その後、親会社の合併などによって組織・名称変更を繰り返し、現在は株式会社LIXIL住宅研究所アイフルホームカンパニーとなっている。

ローコスト住宅をメインに商品開発をして、若い層では検討する人が多く、コストを優先して契約する顧客が多いようである。インスペクションの事例はないので一般論になるが、ローコストを前面に出しているため、やはり標準仕様のままだとペラペラ感は否めない。たとえば住友林業や三井ホームのモデルハウスを見学した後だとその差は大きい。ただし、当然それらより大幅に安く、ローコストを前提で考えれば完成度は高いと言える。

代理店による施工のバラツキは他のFCメーカーと同様で、基礎の生コンクリートを流し込んだ翌日に（最低でも3日間養生しなければならないが）型枠を脱型している現場を見たことがある。また、梅雨時の建て方工事中に、雨養生をしないで野ざらしで工事を進めている現場も見たことがあり、代理店の当たり外れは当然あるようだ。

34

2×4 (2×6含む)	坪単価 低 **中** 高
営業地域 / 関東・関西・東海・その他 北陸・九州の一部	総合評価 1 2 3 **4** 5

東急ホームズ

- ● 正式社名　株式会社東急ホームズ
- ● 設立　1991年4月1日（開業1969年12月12日）
- ● 2012年度シェア　27位
- ● 2012年度供給戸数　796戸
- ● ホームページ　http://www.tokyu-homes.co.jp

比較検討すべきメーカー
三井ホーム、セルコホーム、天草ハウジング、その他輸入住宅メーカー

特徴
東急電鉄沿線で人気の高いハウスメーカー。東急系列の親会社の街づくり開発分譲の建売も多く手掛けている。「ミルクリーク」ブランドの輸入住宅が主力商品で、プレーリー、チューダー、ジョージアンといったデザイン様式の北米輸入住宅を売りにしている。全国展開をしているが、関東エリア以外は代理店方式である。

細かな課題が多いが、責任感は強く、期待が持てる

元々は東急不動産の住宅事業としてスタート。2008年にリフォーム専業の東急アメニックスと合併し、現社名へと変更した。事業部ごとに営業の対応が違うようで、施主からは法人営業部の対応が遅いという声が聞こえる。その他の部門はクレームへの対応が比較的早く、責任感は信頼できそうだ。

ミルクリークに関しては、細かい部分で課題はあるが、決定的な問題は少ないだろう。設計セクションがオーバーワーク気味なのか、現場に入ってから設計段階での打ち合わせミスによる現場変更が発生する事例がある。

ある事例では、基礎工事の際、駐車場に接する基礎は段差があるので深基礎にすべきところ、基礎図にそのような表示がなかったため、現場では標準の基礎で配筋をしていた。当然のことながら、やり替えを指示した。また、平面図と施工図が食い違っている事例もあり、社内のチェック体制がどのようになっているのか疑問を持つこともあった。ただし、現状、これは東急ホームズに限らず多くのハウスメーカーに共通のことである。

	2×4 　　坪単価　低　中　高
	営業地域／全国（一部地域を除く）　総合評価　1　**2**　3　4　5

住友不動産

- 正式社名　　住友不動産株式会社
- 設立　　　　1949年12月1日（注文住宅参入は1982年）
- 2012年度シェア　－位
- 2012年度供給戸数　－戸
- ホームページ　http://www.j-urban.jp

比較検討すべきメーカー
木下工務店

特徴　元々住友不動産ホームとして営業していたが、販売不振で結局親会社に吸収された形で継続をしている。主力商品のJ-URBANシリーズは、定価制の都市型住宅で、現在は改良されていると思われるが、発表当時のモデルはツーバイフォーの構造に無理のある設計をしていたため、クレームが多かったようだ。

廉価なりのメリット・デメリットあり 担当者の変更やアフター対応に注意

「J-URBAN」は、住まいの中央に中庭を設けた都市型住宅。施主からは価格が安いという評判が多い。その反面、アフターの対応がいまひとつという声も多い。また、「担当者が途中で変わることがある」、「J-URBANは見た目と実際の住み心地とでは、少し違和感がある」という声も聞く。

新築では過去に1件のインスペクションしかないが、建築後1年半ほど経過した建売4棟で、同時期に雨漏り現象が発生。その原因追及の依頼を受けたが、メーカーの技術担当者との意見が最後まで一致せず、外壁の内部にまで雨が浸入しているにもかかわらず、残念ながら抜本的な改修提案はなかった。

このメーカーは、構造用合板にMDF（中密度繊維板）を採用している。コストが安いメリットがあるが、この材料は木材再生品で細かく粉砕した木材を接着剤で固めたもので、本来は外部に使用するものではなかったが、国土交通省が認定して以来、構造用合板の代替品として使用するメーカーが登場した。だが、防水性に疑問を持つ専門家も多い。

36

木質パネル		坪単価	低	**中**	高
営業地域／全国（一部地域を除く）		総合評価	1 2 **3** 4 5		

ヤマダ・エスバイエルホーム

- ● 正式社名　　　　株式会社ヤマダ・エスバイエルホーム
- ● 設立　　　　　　1951年6月14日
- ● 2012年度シェア　15位
- ● 2012年度供給戸数　1,490戸
- ● ホームページ　　http://www.sxl.co.jp/

比較検討すべきメーカー
ミサワホーム、セキスイハイム（木造系）

特徴　2011年にヤマダ電機の連結子会社となり社名変更した。パネル工法だが、特徴は壁パネルが1・2階一体のパネルで、柱を立ち上げてパネルを挟み込む方式であるという点だ。住宅展示場で販売している自由設計の高級住宅と規格型ローコスト住宅の2系統の商品シリーズがある。

自由設計とローコスト住宅の価格のギャップにビックリ？

予め決められたプランの中から選んでいくローコスト住宅を売りのひとつにしている。基本的に間取りの変更ができない代わりにコストは確かに抑えられている。間取りや仕上げにこだわりの少ない人の場合、手間が省けてかえって良かったという声を聞く。ローコストとはいえ、建物の仕様は決して安っぽくなく、陳腐でもないという評判もある。敷地条件が合い、華美な家を考えなければ選択肢の一つであろう。

それに比べると自由設計のほうは、確かに提案力も設計力もあるが、見積もりを見てビックリすることが多いようだ。ローコスト住宅のイメージのままだと、かなり高いのでギャップを感じるのだ。

現場では特に大きな問題はなかったが、壁パネルをサンドする柱が反っているとパネル接合部に隙間が生じてしまうことがよくある。床パネルは、フローリングの下地材を施工する前は板厚が薄く、枠の上を歩行しないと床板が曲がってしまう。また床パネルの水平精度に段違いができることも。壁内通気層を設けているが、断熱材の施工が悪いと通気層が確保できないこともあるので注意を要する。

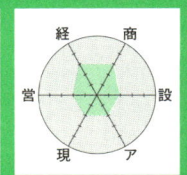

木造軸組		坪単価	低	**中**	高
営業地域／全国		総合評価	1	**2**	3 4 5

東日本ハウス

- 正式社名　　　　東日本ハウス株式会社
- 設立　　　　　　1969年2月13日
- 2012年度シェア　18位
- 2012年度供給戸数　1,296戸
- ホームページ　　http://www.higashinihon.co.jp

比較検討すべきメーカー
和風テイストなら一条工務店、住友林業など

特徴
岩手県盛岡市でスタートした東北地方では有名なハウスメーカーで、純和風テイストが得意。金物を使用した軸組工法で「新木造システム」と謳っているが、構造上の差別化は特になく、メーターモジュールを採用している。設計は原則社内設計、提案は画一的。宿泊体験を薦めて、家の快適性を体験してもらうことで営業を推進している。

打ち合わせを記録しクレーム対策
不具合には真摯に対応

2008年からは本社機構を東京に集約・統合し、全国展開（北海道から鹿児島県まで）をしている。最近では「エネルギー自給自足の家」をめざして環境適合に力を入れており、価格据え置きで全商品に太陽光発電システムを標準搭載するなど、コストパフォーマンスは良いようだ。

私の印象では社員は東北出身が多いようで、純朴な雰囲気。営業マンは、打ち合わせ時には必ず「打ち合わせ記録」を取るよう努力し、顧客にもその打ち合わせ記録のファイルを保管してもらうようにしているが、それでもクレームが発生するのはなぜだろうか？

インスペクションした1棟は、上棟段階においてクレームが発生し、検査を実施したもの。基礎に関しては目視した限り問題はなかったが、外壁合板の釘打ち、木材の雨養生の悪さによる含水率オーバーと外部防水施工の不備等が見つかった。

このケースは工事担当者の品質管理に関するスキル不足が原因と思われたが、不具合箇所の是正工事に関しては真摯に対応をしてくれた。

| 木造軸組／2×4 | 坪単価 | 低 **中** 高 |
| 営業地域／首都圏・関西 | 総合評価 | 1 2 **3** 4 5 |

新昭和

- 正式社名　　　　株式会社新昭和
- 設立　　　　　　1970年4月2日
- 2012年度シェア　17位
- 2012年度供給戸数　1,334戸
- ホームページ　　http://www.shinshowa.co.jp

比較検討すべきメーカー
ウィザースホームは木下工務店、クレバリーホームはアイフルホームやユニバーサルホームなど

特徴
千葉県君津市に本社を置き、ツーバイフォー工法のウィザースホームと軸組工法のクレバリーホームを展開。いくつかの拠点はあるが、シェアの大半は千葉県である。千葉県内では宅地分譲も手掛け、県内トップメーカーといえる。FC展開のクレバリーホームは、全国規模で代理店を構え、スウェーデンの輸入住宅も手掛けている。

直営は若い工事担当者が多くクレバリーホームは代理店次第

事業の主軸は、ツーバイフォー工法による注文住宅・ウィザースホームの販売。日本におけるツーバイフォー工法のオープン化を受け、翌年1975年にいち早くツーバイフォー住宅の販売を開始した。直営の営業エリアでは評判が良い一方、FC展開のクレバリーホームは代理店によって評価は大きく分かれるようである。

だが、代理店へのクレームに関して、新昭和は基本的に対応しない。直営の現場に関して言えることは、工事担当者の年齢が若いケースが多く、経験不足の感は否めない。ベテランの工事担当者は安心できるのだが、インスペクションのうち3件の工事担当者は入社1〜3年の社員で、職人に対しても強い指導ができず、むしろ職人にリードされているようだった。

クレバリーホームの代理店もインスペクションをしたが、こちらは設計段階で現場を考えない無理な設計をしていた。工事担当者もオーバーワーク気味で現場を巡回する回数が少なく、検査の段階で間違いを指摘する箇所がかなりあった。やはり代理店次第ということになるのではないだろうか。

木造軸組	坪単価	低	**中**	高
営業地域／全国	総合評価	1 2 **3** 4 5		

エヌ・シー・エヌ

- 正式社名　　　株式会社エヌ・シー・エヌ
- 設立　　　　　1996年12月11日
- 2012年度シェア　- 位
- 2012年度供給戸数　- 戸
- ホームページ　http://www.ncn-se.co.jp

比較検討すべきメーカー
住友林業、東日本ハウスなど

特徴
このメーカーのSE構法は「木骨ラーメン構造」と称しているが、要するに木造のラーメン構造で、接合部に金物を使用し、構造上強い剛節合構造が特徴だ。加盟登録店制度によって全国に代理店があり、代理店にはプレカットされた構造材と金物が提供され、設計や現場施工は研修を受けた代理店に任される。

代理店によりばらつきがあるので慎重に検討すべき

価格の設定は代理店に任されるが、他のメーカーと比べると下請けの工務店からの見積価格が高くなるようで、競合した場合に価格で負けることがあるようだ。すべての家に対して構造計算を実施し、性能保証も付与しているので、構造の強さを気に入って検討する顧客が多いようである。設計は工務店により対応の程度に差が出るので、この点は慎重に検討すべきだろう。

こうしたフランチャイズ展開のメーカー共通の問題である、代理店ごとに違う仕事の質をチェックしなければならない。代理店の数も相当あるので、検討する際に他の代理店にも声をかけ、設計提案力や見積価格の比較を行うのも面白いだろう。もっともその場合には、両社には内密に進めないといけないが。

インスペクション事例は、3件あったが、すべてクレームとなった。代理店は3件とも同じ会社。1件目は基礎がひどく、やり直してもらった。2件目は配置を間違っていた。3件目は背筋検査を施主が行ったら鉄筋が配置を間違っていた。元々その代理店はサッシの会社でスキルレベルがひどかったので工務店を換えることにした。

40

家づくりの主な工法.1 ［木造住宅］

木造軸組（在来）工法

日本の昔ながらの住宅工法
木の柱と梁、筋交いで構成

メリット
- 壁などの構造的な制約が少ないため、設計やデザインの自由度が高い。
- 柱の位置を自由に設定できるため、狭小・変形敷地にも対応しやすい。
- 開口部をとりやすい工法であり増改築もしやすい。
- 工務店をはじめ多くのメーカーがあり、価格幅が広い。

デメリット
- かつては大工さんの技術力による精度のバラツキがあった。
- 耐力壁の量と配置が重要である工法のため、構造の知識が必要。
- 緊結金物が適切に配置されているかどうかのチェックが重要。
- 木材の特性上、構造材の防腐・防蟻処理が肝心。

代表的メーカー

住友林業、一条工務店、アイフルホーム、木下工務店、東日本ハウス

2×4（ツーバイフォー）工法

北米から輸入された工法
床、壁、天井の「面」で構成

メリット
- 床、壁、天井の「面」で構成された箱形構造のため、耐震性が高い。
- すき間ができにくく木造なので、断熱性・気密性に優れている。
- 火に強い石膏ボードを壁下地に張りめぐらせるため耐火も高い。
- 柱の出ない広々した空間が簡単につくれる。

デメリット
- 面で支える工法なので、開口部の位置や大きさなどにやや制限はある。
- 将来の増改築が予定される場合には、プランニングに特に注意（構造上、どうしても取り除けない壁があるので）
- 1階ごとに現場で組み上げていくので、上棟までに時間がかかる。

代表的メーカー

三井ホーム、三菱地所ホーム、住友不動産、東急ホームズ

家づくりの主な工法.2 [プレハブ住宅①]

鉄骨系

軽量鉄骨を骨組みとする軸組工法
いわゆる「工業化住宅」の代表格

メリット
- 強固な構造で、耐震性が高い。
- 不燃物をパネルに使用。火にも強い。
- 軽量鉄骨は同じ強度の木材に比べて軽く、その分だけ負担を軽減する事ができる。
- 在来工法などに比べて工期が短い。

デメリット
- 規格化された商品が多く部品・部材があらかじめ決まっている。
- プランに制約を受ける場合がある。
- 標準外のプラン・仕様は割高。
- マニュアル外の対応に問題あり。

代表的メーカー
積水ハウス、ダイワハウス、トヨタホーム、パナホーム

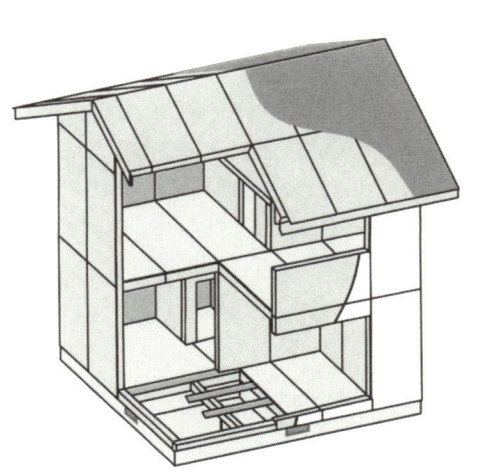

木質系

工場で予め製作した木質パネルを現場で組み立てる工法

メリット
- 木質パネルを工場で製作するので、精度が高く、品質が安定している。
- 耐震性・耐風性・耐火性に優れている。
- 断熱性・気密性が高い。
- 工期が比較的短くてすむ。

デメリット
- 間取りや外観デザインの自由度が高い。
- パネルの搬送場所に制約がある。
- 着工後の変更ができない。
- 床下、壁内の通風に注意が必要。
- 増改築に対応しにくい。

代表的メーカー
スウェーデンハウス、ミサワホーム、ヤマダ・エスバイエル

家づくりの主な工法.3 ［プレハブ住宅②］

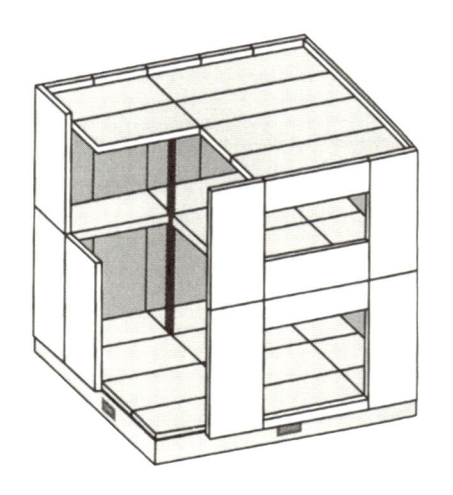

コンクリート系

工場でつくられ、養生した鉄筋コンクリートのパネルを現場で組み立てる工法

メリット

- 耐久性・耐火性に優れている。
- 防火地域にも建てられる耐火建築物。
- 遮音性が高い。
- 現場打ちコンクリートに比べて品質が安定している。

デメリット

- 重量があるため、地盤に注意が必要。
- 間取りに制限があり、設計の自由度は低い。
- 着工後の変更ができない。
- 増改築に対応しにくい。
- 工期のメリットはあまりない。

代表的メーカー

大成建設ハウジング、レスコハウス

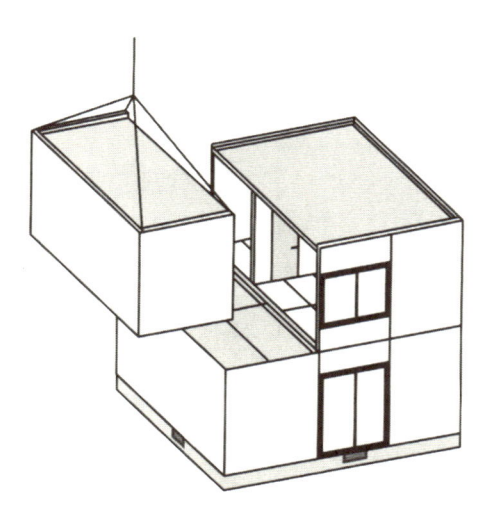

ユニット系

究極の「工業化住宅」家づくりの80％以上を工場で生産

メリット

- 工場で大半を製作するので、精度が高く、品質が安定している。
- 耐震性・耐風性・耐火性に優れている。
- 断熱性・気密性が高い。
- 工期が最も短い。仮住まいの期間が短くてすむ。

デメリット

- 間取りや外観のデザインに制限がある。
- 狭小地や変形地には対応しにくい。
- ユニットをクレーンで組み立てるので、狭小地で入れない場所には建てられない。
- 工場生産なので、発注後の変更がしにくい。

代表的メーカー

セキスイハイム、トヨタホーム（一部）

分布図

選ぶ基準のポイントを変えてハウスメーカーをポジショニングしてみよう。

デパート系と専門店系

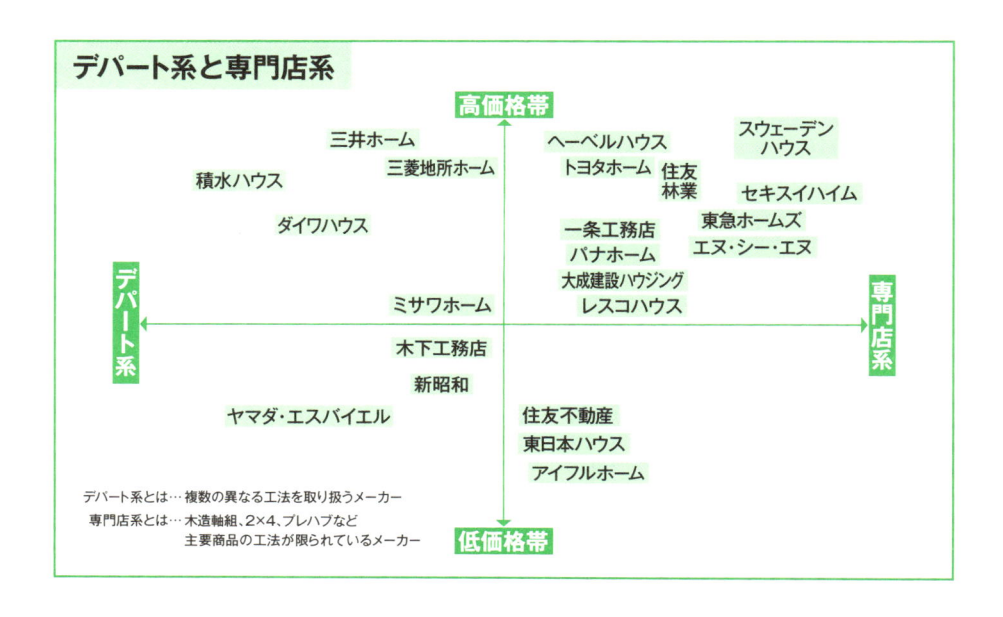

高価格帯

デパート系 ← → 専門店系

- 三井ホーム
- 積水ハウス
- 三菱地所ホーム
- ダイワハウス
- ヘーベルハウス
- トヨタホーム
- スウェーデンハウス
- 住友林業
- セキスイハイム
- 一条工務店
- 東急ホームズ
- パナホーム
- エヌ・シー・エヌ
- 大成建設ハウジング
- レスコハウス
- ミサワホーム
- 木下工務店
- 新昭和
- ヤマダ・エスバイエル
- 住友不動産
- 東日本ハウス
- アイフルホーム

低価格帯

デパート系とは…複数の異なる工法を取り扱うメーカー
専門店系とは…木造軸組、2×4、プレハブなど主要商品の工法が限られているメーカー

デザイン系と構造系

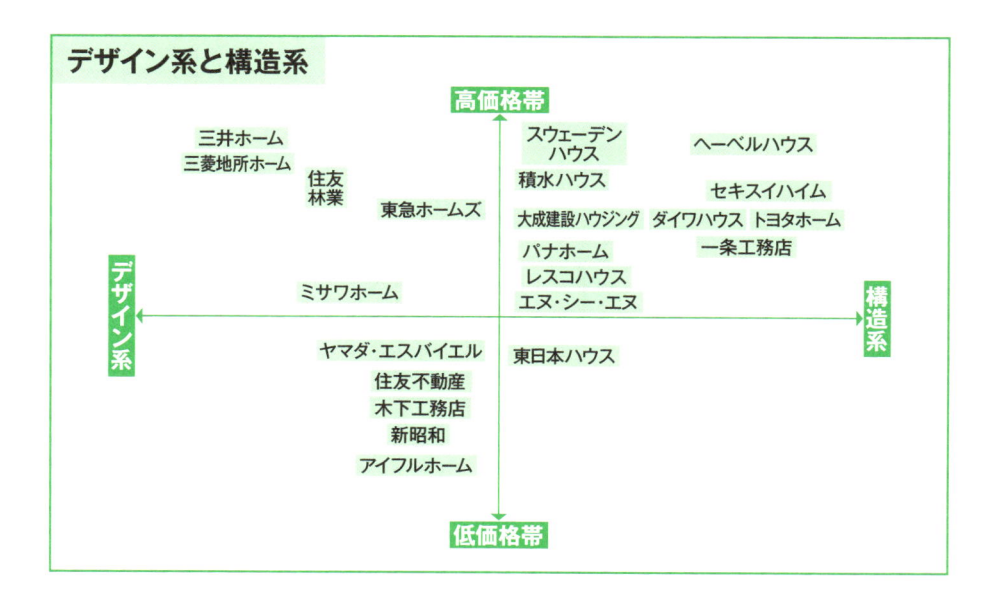

高価格帯

デザイン系 ← → 構造系

- 三井ホーム
- 三菱地所ホーム
- 住友林業
- 東急ホームズ
- スウェーデンハウス
- 積水ハウス
- ヘーベルハウス
- セキスイハイム
- 大成建設ハウジング
- ダイワハウス
- トヨタホーム
- パナホーム
- 一条工務店
- レスコハウス
- エヌ・シー・エヌ
- ミサワホーム
- ヤマダ・エスバイエル
- 住友不動産
- 木下工務店
- 新昭和
- アイフルホーム
- 東日本ハウス

低価格帯

44

選択基準別ハウスメーカー

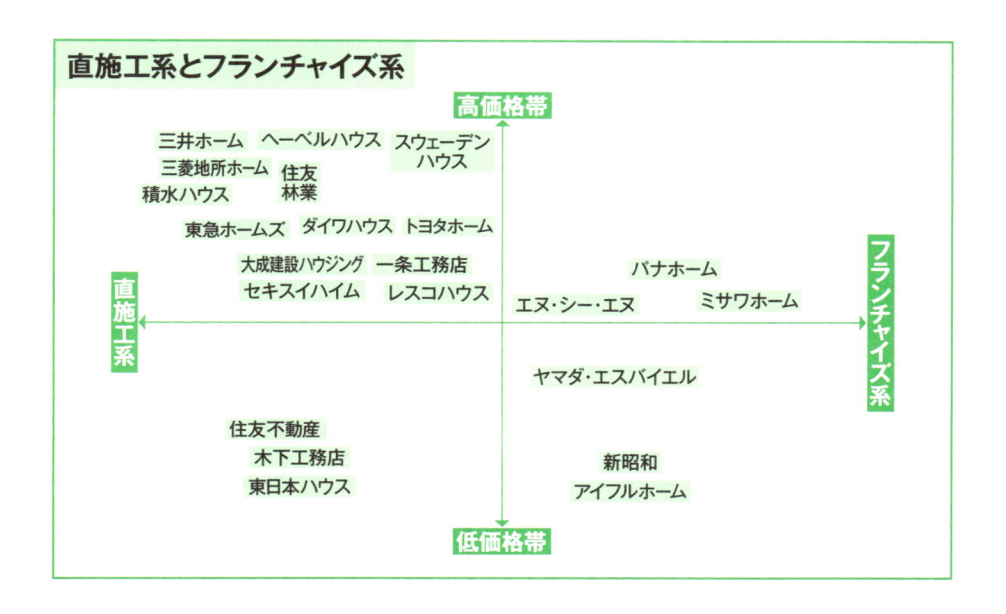

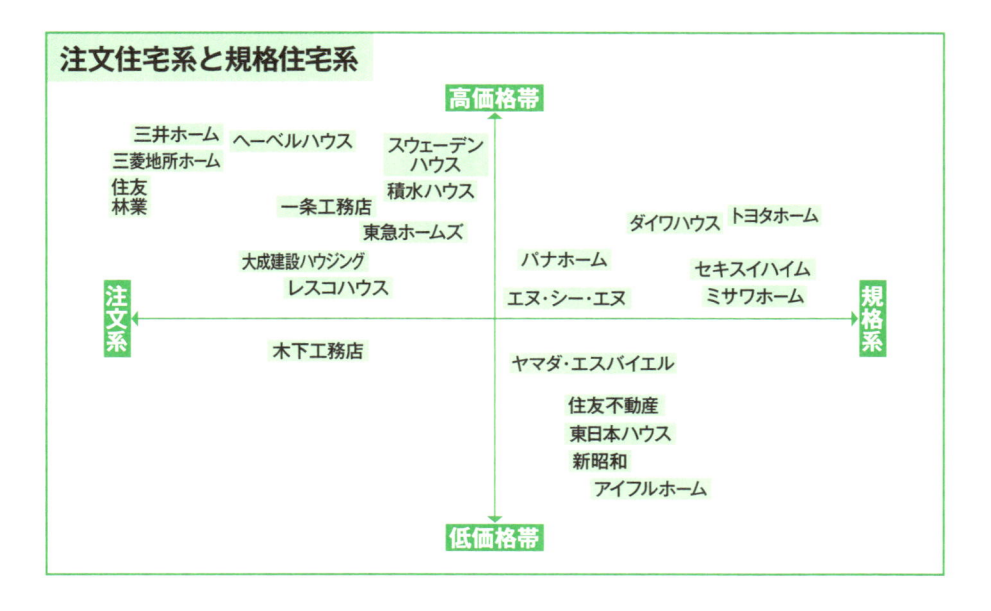

直施工系とフランチャイズ系

高価格帯

- 三井ホーム
- ヘーベルハウス
- スウェーデンハウス
- 三菱地所ホーム
- 住友林業
- 積水ハウス
- 東急ホームズ
- ダイワハウス
- トヨタホーム
- 大成建設ハウジング
- 一条工務店
- パナホーム
- セキスイハイム
- レスコハウス
- エヌ・シー・エヌ
- ミサワホーム

直施工系 ←→ **フランチャイズ系**

- ヤマダ・エスバイエル
- 住友不動産
- 木下工務店
- 東日本ハウス
- 新昭和
- アイフルホーム

低価格帯

注文住宅系と規格住宅系

高価格帯

- 三井ホーム
- ヘーベルハウス
- スウェーデンハウス
- 三菱地所ホーム
- 積水ハウス
- 住友林業
- 一条工務店
- 東急ホームズ
- ダイワハウス
- トヨタホーム
- 大成建設ハウジング
- パナホーム
- セキスイハイム
- レスコハウス
- エヌ・シー・エヌ
- ミサワホーム

注文系 ←→ **規格系**

- 木下工務店
- ヤマダ・エスバイエル
- 住友不動産
- 東日本ハウス
- 新昭和
- アイフルホーム

低価格帯

COLUMN
ホームインスペクション
最新事情

デザイナーズハウスが危ない⁉

見かけは確かにいいのだけれど、工事のことを考えていない

長い間、ホームインスペクターとして現場を見てきて、特に気になることはいわゆるデザイナーズハウスのいい加減さである。デザイナーズハウスというのは、建築設計事務所が設計監理契約を結び、工務店が建築するもの。提案は確かにおもしろいのだが、家ができたところのこと、もっと言えば工事のことをまったく考えていないものが多い。

パース（イメージ図）はうまいし、要望もいろいろと取り入れてくれて、提案してくれるので、若い人は飛びつく。だが、構造のことを知らないでデザインに走りがちなのだ。

2007年の拙著『ハウスメーカーで「いい家」を建てる方法』（廣済堂ベストムック）の中で、見た目がデザイン通りの家に仕上げるために、土台に穴を開けて配管したり基礎がなかったりといっためちゃくちゃな工事のデザイナーズハウスを紹介した。あれほどまでとは行かなくても、工事のことを考えていない（知識がない？）デザインは驚くほどで目に余る。

100軒中100軒と言っても大袈裟ではな

いほど、建てた人は雨漏りに泣いている。「雨が横に降る」と言われるぐらい台風が多く、強く大量の雨が降る日本では、軒が出ていない家などあり得ない。雨が漏るのは当然なのだ。軒の出がない場合、雨漏りが起きないようなディティールを検討し、かつ現場の管理が大変重要となる。

ところが、多くの人はその事実を知らない。それは、デザイナーズハウスを建てた人は、ご近所の人や友人たちから「お宅の家はカッコいいわね」と言われるので、まさか「実は雨が漏って困っている」とは言えない。そうした事実が隠されてしまうのである。特に東京の城南地区でデザイナーズハウスを売りにしているところは、ほとんどがこのケースに当てはまると言っていいだろう。

カッコよさの中に危険が潜んでいる

デザイナーズハウスについて、もうひとつ書いておきたいことがある。

カッコよさの中に危険が潜むということだ。鉄板がむき出しのささら桁(げた)の階段の横に座って友だちと携帯電話をしていた女子高生が、急に呼ばれて立ち上がった時に鉄の角に目をぶつけ失明してしまったのだ。このような場合、仮に裁判になっても施主の主張が100％受け入れられるとの司法の判断は難しく、設計・施工者側が事前に施主に十分危険があることを説明したかどうかで、司法の判断は変わるようだ。

また、和室の下の部分にある、いわゆる地窓から子どもが落ちて大けがをしたというケースの

裁判もあったが、そこでも建築設計事務所は責任を問われていない。

他にも、シースルーのガラス階段で、すべってケガをしたというケースもあった。こちらは、相談にいらしたのだが、その方に、「これ、下から見たら丸見えですから、女性のお客さんは昇れないでしょう？　どうしてこんなのにしたのか？」と尋ねたら、「設計事務所のデザイナーに薦められたから」ということだった。施主としてはよくわかっていないで、薦められるままに採用してしまったようだ。結局その後ノンスリップのフィルムを貼って使っている。カッコよさなんて気にしていられないのだ。

つまり、デザイン先行で安全性やメンテナンスのことを考えていないから、そういうことになる。

私がいまメンテナンスしている物件でも、屋上に防水工事はしているもののドレン（排水口）に枯れ葉がいっぱい溜まって、草がぼうぼうという家があった。施主に「建ててからどれだけ屋上に上りましたか？」と尋ねたら、「ほとんど上っていない」ということだった。

また、多くのデザイナーズハウスは夏がとても暑い。窓を大きく採って吹抜け階段にしているので、熱がみんな上に上がってしまうのだ。

家というのは、家族みんなが永く暮らす場だから、暮らしやすさはもちろん、安全性やメンテナンスのこともきちんと考えなければならない。見た目のカッコよさに惹かれて、そのことを忘れてしまい、建ててから後悔することになった人をたくさん見てきたからこそ、強く訴えたいポイントなのである。

―第2部―

モデルハウス訪問から契約まで――
ストーリー・マンガで
騙されない技術を大公開！

市村 博●原作
渡辺保裕●マンガ

第2部のマンガは、私にインスペクション(第三者チェック)の依頼があった複数の方のケースをもとに、マンガにする上での省略や娯楽性を加味して書いたものである。

モデルハウス訪問から始まる施主・望月さんとハウスメーカーとの間で繰り広げられるやり取り。そこでは何が問題となるのか。メーカーのペースにはまって失敗しないためには、どう対処するのが賢いのか——これからハウスメーカーで家を建てようと考えている皆さんの参考になるように、解説を交えながら展開するマンガをとくとご覧ください。

なお、第2部では、ハウスメーカーとの契約までをマンガで描き、その後の第3部で、施工(工事)に入ってから生じた問題をドキュメントタッチの文章で書いた。

先月の営業所のノルマ達成！

これもトップセールスの吉本のおかげだーっ

ぱちぱちぱち

トップセールスかいいよなァ…

それに比べてオレは先月もゼロセールス

ぱちぱち

松井ホーム入社3年目　営業　永田

毎月月末になると睡眠時間は4時間程度の過酷な日々が続き所長にはイヤミを言われ…

月末が終わったかと思うと月初の営業会議で契約見込みの客のリスト提出今月の営業目標の確認作業…

日曜日の
モデルハウス待機で
何とか
新規のお客を
確保しないと
また今月も
ゼロ社員だ…

第1ステージ　モデルハウス訪問

10月3日（日）　営業マンはお客をどう誘導するのか？

待機中は電話営業とDM発送の準備何とかお客をつかまえようと必死だ

今月は「オリジナルシステムキッチン無料キャンペーン」が目玉だけどこのキャンペーンも毎月題目こそ変わるが中身はまったく同じでキャンペーンで魚を釣り上げるようなものだが意外と集客にはインパクトがある

しかし最近はモデルハウスの来場者も減少してきて展示場全体でイベントを実行したりもできるがいまひとつ盛り上がりには欠けている…

ピ・ポーン！

来た来たッ！

何としても見込み客ゲットするぞーッ!!

こんにちは
ずいぶん大きな建物ねぇ
はい いろいろ参考にしていただきたいので どうしても大きくなってしまいますね
さあどうぞ おあがり下さい このモデルハウスのリーフレットです
ありがとう えーと… どこから見学したものかな?
どうぞ こちらから ご案内 します
ご自宅の ご計画を お考えで しょうか?
建て替え なんですがね
できれば 2年以内 には…
2年以内!? やったゼ!!
も・もう少し 詳しいご説明を

建築地はどちらの方になりますか?

世田谷の上馬のほうです

人気の高級住宅地じゃん

長くお住まいで?

25年です

家も古くなったし息子夫婦と同居しようかと…

他のメーカーでは坪単価50万円台から70万円台と聞いたけどオタクは?

はい

たとえばこちらのシリーズですと60万円台から70万円あたり

ただこれは本体の工事費でして付帯設備や外構工事などは土地の状況によって大きく変わりますから

弊社では現地を確認して間取りと外観デザインを決めた後に見積りを…

なるほど他にもいろいろシリーズが?

のちほど資料をお届けにあがりますのでよろしければこちらのアンケートに…

その頃ハウスメーカーでは…①

10月4日（月）翌日の営業会議

永田君 記名を取ったお客様の名前は？

松井ホーム営業所長 塚本

望月秀雄様 建築時期は2年以内のホットなお客様です

よしよし 早速昨日は夜間訪問したんだろ？

あ…いえ

訪問してほしい時は電話するので自宅には押しかけないでくれとの事でしたので…

だったら君のホットな気持ちをしたためたレターを添えて資料だけでも届ければいいじゃないか!!

今月こそゼロ社員返上だぞ!!

がたっ

は・はい！ 今日訪問します！アポが取れなければ資料を投函してきますーッ!!

傾向と対策 ①

営業マンのスキルを見るには、相手を混乱させる

施主にとっては家づくりの、ハウスメーカーにとっては営業の第一歩となる場所がモデルハウスだ。

ハウスメーカーは来場者を案内する順序を決めてあり、各部屋で何を説明するかのマニュアルに沿って営業トークをばっちりトレーニングしている。客はその決められたルートに沿って案内されるわけだが、客のほうが案内を無視して勝手に見学したらどうなるか。たとえば、「2階をまず見たい」と言って勝手に2階に上がっていくような行動をとったとしたら……。

マニュアルどおりにいかないと、営業マンの中には戸惑いが隠せず、ぎくしゃくした言動になって表れる人がいる。逆に言えば、来場者が案内を無視して勝手に行動をしたほうが営業マンのスキルがよくわかる、というわけだ。

客はランク付けされる

マンガの営業マンは、客が今住んでいる家をとり壊して家を建てる＝建替えであることから、良い客の第1条件である「土地なし客」ではないことを確認した。つまり、まず土地から探さなければならない客は時間がかかるので顧客ランクとしては下がるが、建替えは間違いなく土地があるので顧客ランクとしては上位にランク付けされる。

しかも、具体的に建てたい時期を話す顧客は冷やかしではなく、間違いなく家を建てる客と判断される。さらに、その時期が2年以内というこ

とは、営業マンにとって"ホットなお客様"になるわけだ。

モデルハウス内で客を腰掛けさせるのは、営業マンにとって大切な"誘導"。座って説明ができれば、じっくりと客の家族構成やら希望する住まいの形など具体的な情報収集ができ、モデルハウスの接客としては大成功なのである。

アンケートを書いた時点で担当営業が決まる

マンガのような応対はデキすぎと言ってもいい例だが、営業マンはアンケートを書かせることで、顧客の情報をできるだけ入手しようと訓練されている。次ページにアンケート用紙の例を掲載するが、こうしたアンケートを使ってハウスメーカーがあなたから最低限聞き出すことは、次のようなことである。

・建築時期　・建築予算
・現住所　・家族構成
・建築地住所　・競合他社の有無

ここで注意しなければならないのは、原則的に、訪問したモデルハウスで案内してくれた営業マンが差し出すアンケートに記名をしてしまった時点で、その営業マンがあなたの担当者となってしまうということだ。

人間同士だから、営業マンとの相性は当然ある。だからこそ、メーカーは気に入ったとしても、接客してくれた営業マンが自分たちに合いそうもないと感じたら、アンケートには何も書かないでおくこと。そして、同じハウスメーカーの別のモデルハウスを訪問し、他の営業マンの様子を見て肌が合いそうな人を見つけたほうが賢明だ。

― 第2部 ― モデルハウス訪問から契約まで

[ハウスメーカーのアンケート用紙]

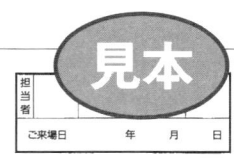

見本

担当者
ご来場日　　年　月　日

お客様アンケート

本日はご来場いただきありがとうございます。お手数ですが、下記アンケートにご協力をお願いいたします。

ふりがな ご氏名		
	西暦　　年　　月　　日生（　　才）	西暦　　年　　月　　日生（　　才）
ご職業	会社員・会社役員・公務員・自営・医師・その他	会社員・会社役員・公務員・自営・医師・その他
ご勤務先		
ご住所	〒　　　　　　　　　　　　　　　　市 郡 区	
TEL	（　　　）	携帯　　　－　　　－
メールアドレス（PC）	@	メールでのご連絡を希望
メールアドレス（携帯）	@	1. する　　2. しない

ご購読の新聞・住宅雑誌に○をお付け下さい。
新　聞：読売　朝日　毎日　日経　産経　中日　その他（　　　　　　　　　）
雑　誌：ハウジング　憧れの輸入住宅　日経ビジネス　家庭画報　VERY　その他（　　　　　　　　）
ご家族構成（○をお付け下さい。）
お父様　お母様　ご主人様　奥様　お子様：男の子（　才　才）お子様：女の子（　才　才）ペット（　　）
現在のお住まい（○をお付け下さい。）
1. 戸建住宅（ご所有）　2. マンション（ご所有）　3. 戸建住宅（賃貸）　4. 賃貸マンション・アパート　5. 社宅・官舎　6. その他
住宅展示場の中で、三井ホームにご来場いただいたきっかけは？複数回答可（○印でお答え下さい。）
1. インターネット　　　　2. 新聞・雑誌広告　　　　3. DM・チラシ　　　　4. TV・ラジオコマーシャル
5. 知人の紹介　　　　　　6. 展示場内で外観を見て　7. 当社社員の紹介　　8. 職場回覧の情報誌
9. 職場配布のチラシ　　　10. その他（
三井ホームにご入居している知人、ご友人はいらっしゃいますか？　1. いる（　　　　　　　　　　）2. いない

建築のご計画についてお聞かせ下さい。（○印でお答え下さい。）
ご計画内容は？
1. 新築：単世帯（新規に土地を取得し新築）　2. 新築：単世帯（所有地に新築）　3. 建替え：単世帯
4. 新築：二世帯（新規に土地を取得し新築）　5. 新築：二世帯（所有地に新築）　6. 建替え：二世帯
7. 住替え　　　　　　　　　　　　　　　　8. リフォーム　　　　　　　　　　　　　　9. その他（　　　　　　　　　）
ご計画予定地は？
1. 決まっている　　　2. 具体的に探している　　　3. まだ探し始めていない
ご計画予定地が決まっている方、候補地がある方にお聞きします。ご計画地の広さは？また、所在地は？
広さ：　　　　坪　　所在地：
ご計画予定地が決まっていない方、土地をお探しの方にお聞きします。希望の広さ、方面、条件は？
希　望　エリアについて（　　　　　方面）（　　　　　駅）～（　　　　　駅）
希　望　広さについて（　　　　坪　　土地予算について（　　　　万円）
その他　希望条件について（　　　　　　　　）（　　　　　　　　）
土地情報について　1. 希望する　　2. 希望しない
どのような工法での建築をお考えですか？（複数回答可）
1. ツーバイフォー工法　　2. 工務店の木造軸組工法　　3. 住宅メーカーの木造軸組工法　　4. 木質パネル工法
5. 鉄骨プレハブ工法　　　6. コンクリート住宅　　　　7. その他
ご予算は？（土地代金を除く）
1. ～2,000万円　　　　　2. 2,000万円～2,500万円　3. 2,500万円～3,000万円　4. 3,000万円～3,500万円
5. 3,500万円～4,000万円　6. 4,000万円～5,000万円　7. 5,000万円以上　　　　8. （　　　　万円）
建築予定時期はいつごろですか？
1. できるだけ早く　　2. 1年以内に入居　　3. 2年以内に入居　　4. それ以降（　　年　　月頃に着工・入居）
住まいづくりで重要視されるポイントは何ですか？（3つお選び下さい。）
1. 家づくりの進め方　　2. 建築スケジュール　　3. 間取り　　　　　　4. インテリア
5. 価格（建築費用）　　6. 住宅ローン　　　　　7. 税金　　　　　　　8. 構造・工法・性能
9. 保証、メンテナンス　10. 環境配慮住宅・省エネ住宅　11. その他（　　　　　　　　　　　）
今後、最も参加されたいイベントは何ですか？
1. お住まい見学会　　　2. 構造現場見学会　　　3. 設計セミナー
4. インテリアセミナー　5. その他（

ご協力ありがとうございました。

59

第2ステージ **営業マンが わが家にやって来た！**
10月6日（水） ファーストアタックのセオリー

本日は望月様のご新築のお役に立てますようにカタログを持参してまいりました

こちらのお住まいをお建て替えに？

ええ…

お見受けしたところ道路が4m未満のようですので

まず狭隘(きょうあい)道路申請が必要となります

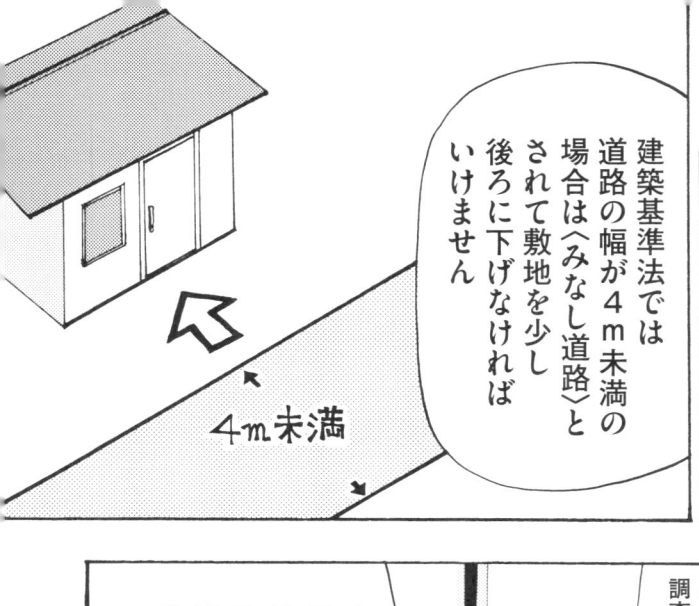

キョウアイ?

建築基準法では道路の幅が4m未満の場合は〈みなし道路〉とされて敷地を少し後ろに下げなければいけません

4m未満

そのための申請です

また、お考えのプランが基準法上の各種制限をクリアできるかの調査も…

水道管 電気 ガス 状況も建築費に影響しますので敷地調査をお勧めします

いろいろ面倒だな…

ええ …

弊社とご契約いただければ5万円の費用はサービスさせていただきます

まあそれをしないとはじまらないわけじゃしょうがない

ありがとうございます

ではこちらの申し込み書に…

その頃
ハウスメーカーでは…②

10月11日（月） 客をランク付けする

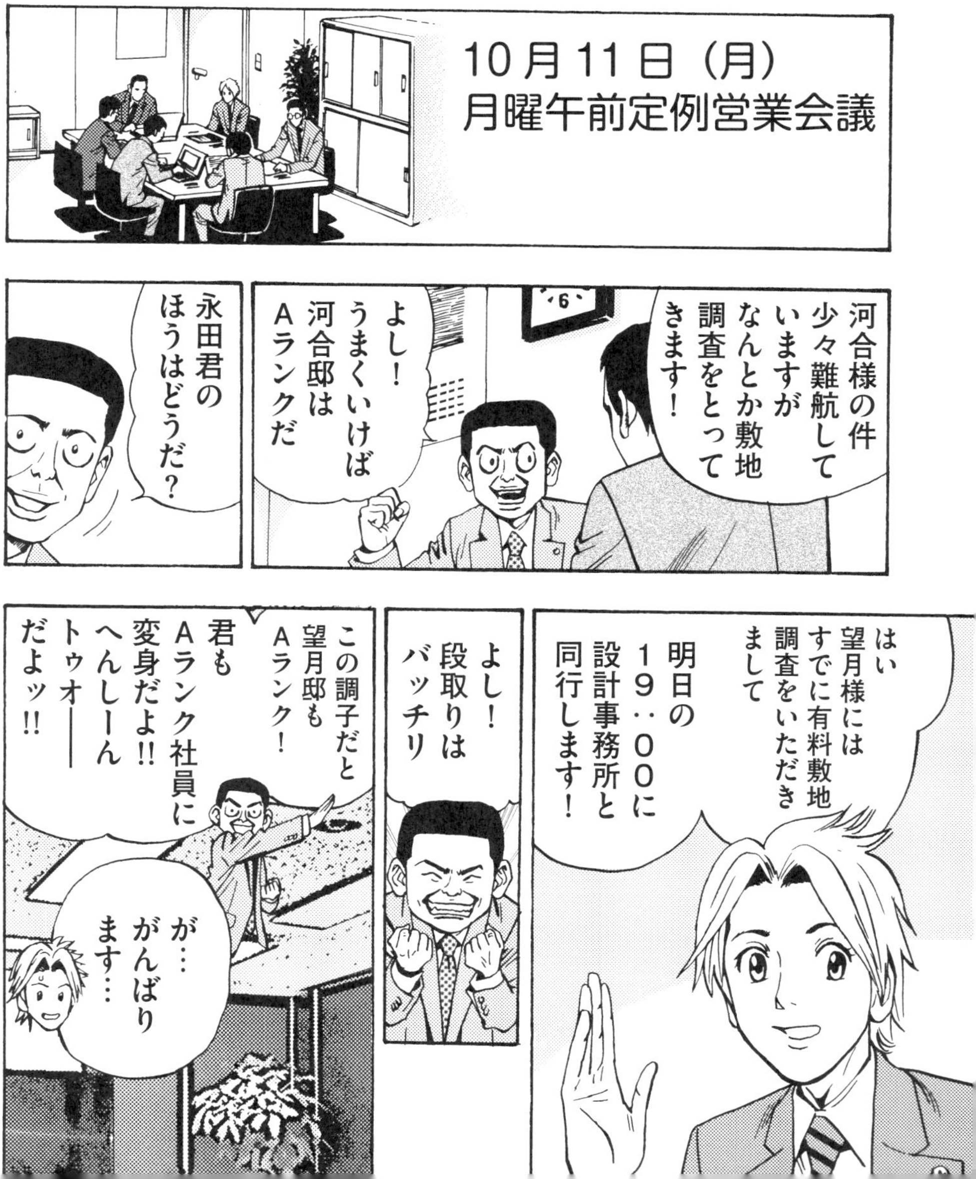

— 第2部 — モデルハウス訪問から契約まで

傾向と対策❷

ホットな客は即月契約に持ち込もうとする

あなたがモデルハウスでアンケートに住所氏名などを書き込んだ時点で、ハウスメーカーはあなたを有望見込み客として顧客リスト入りさせる。

しかも、マンガの望月さんのように建築希望時期を2年以内などと記入すると、あなたは「ホットな客」として扱われ、塚本所長のように、当月契約(その月の契約)に追い込もうとする。

それがハウスメーカーの決算月(通常は9月、3月)であれば、なおさらのこと。ハウスメーカーは必死になってあなたを落としにかかる。

「まず敷地調査に持ち込む」のが営業の鉄則

客が他のハウスメーカーと比較検討しており、競合しそうな場合にはなおさらだが、営業マンはとにかく早く敷地調査の申し込みをさせようとするものである。

マンガでは、道路の幅が4メートル未満なことを理由に調査の必要性を説明しているが、ほかにも敷地に高低差があったり、路地上の敷地であったりと現状の敷地で計画上問題が起こりそうなことがあれば、それをネタに不安心理を煽(あお)り、何とか敷地調査の申し込みを取り付けようと働きかけを行う。

そして、この敷地調査をきっかけにして、どんどん人間関係を構築していくのがハウスメーカーの営業手法だ。

ちなみにマンガの望月さんは有料で申し込んだようだが、一部を除いてほとんどのハウスメーカーは、契約を取るためには敷地調査を無料で引き受けることもやむなしと考えるのが普通である。

だから、ある程度気持ちが傾いているのであれば、まずは「無料なら申し込むけど」と言ってみるのが得策。無料だからといって、有料の場合と報告書の内容が違ってくるということは、まずない。

ランクの高い客には上司が同行

先にも説明したように、ハウスメーカーの営業セクションでは、契約見込み客に対してABCなどのランク付けをすることが多い。

建築時期や敷地調査の申し込みの有無など、客の状況によってランク付けをし、契約に持ち込むための営業の優先順位を付けるのである。Aランクといったランクの高い顧客には、もちろんハウスメーカーは必死になって営業をかけてくる。

何がなんでも契約を取りたいこうした客に対しては、最終的に上司が同行して契約に持ち込むためのクロージング営業をすることが多いようだから、そのへんを見ていれば、あなたのランクも自ずとわかるというものである。

第3ステージ　営業マン再訪

10月12日（火）　希望プランを聞かれる

今日は2世帯住宅という事で望月ジュニアにも同席をお願いした

息子の望月幸弘です

今日は先日の敷地調査のご報告と設計プランのヒヤリングに参りました

こちらは設計を委託している岡本設計事務所の岡本先生です

弊社のモデルハウスも手がけていらっしゃる優秀な先生です

岡本です

よろしくお願いします

では敷地調査のご報告を…
道路の狭隘申請以外は特に問題ないようです
望月様邸敷地調査図
所在 〇〇市〇〇町〇〇〇-〇-〇
今回は2世帯住宅と伺いましたが…
はい 私達夫婦は1階で2LDK和室+納戸（なんど） 2階は息子夫婦で3LDK+納戸といった感じですかね
駐車場は屋内に1台と屋外に1台自転車4台のスペースも欲しいいね
外観は街並みに溶け込む和洋折衷みたいな

ご希望の間取りが十分にとれない時地下室というお考えは？
地下…？
うーん…
暗い感じだし高くつくんじゃ…
今は採光や風通しも何とか出来ますよ
コストは少々上がりますが十分な間取りを確保するのには地下室もよろしいのでは？
ご資金のほうはどれくらいを？
ええと…自己資金は1000万後は息子が住宅ローンを借りるつもりだ
幸弘様のお住まいは賃貸住宅でしょうか？
ええ家賃は15万ですので…
現在の家賃の範囲で借り入れできると助かりますね
この場で借入額を算定できますが
まことに差し出がましいのですがご年収は…？
昨年の年収は850万です
なるほど…では

＜金利引下げ期間・金利引下げ幅・融資率の上限＞

金利引下げプラン	金利引下げ期間	金利引下げ幅	融資率の上限（※1）	お申込期限（※2）	住宅の条件（※3）
【フラット35】S（金利Aプラン）	当初10年間	年▲0.3%	9割		
【フラット35】S	当初 5年間				

「フラット35」で借り入れると35年返済で約3900万円 自己資金とあわせて4900万円 こんな資金計画でいかがでしょう？

まあ それくらいなら…

では早速プランを作り次回はお見積りもご用意します

次回のお打ちあわせまで1週間ほどいただければ

そんなに早く出来るんですか？

はい！先生大丈夫ですよね！

ええ 早速明日から取りかかります

松井ホーム営業所 22：00

所長 望月邸のプラン提出 19日に決まりました！

岡本先生には2日で設計を仕上げてもらって18日には見積りを作る予定です！

その頃ハウスメーカーでは…③
10月13日（水）スケジュール調整にてんやわんや

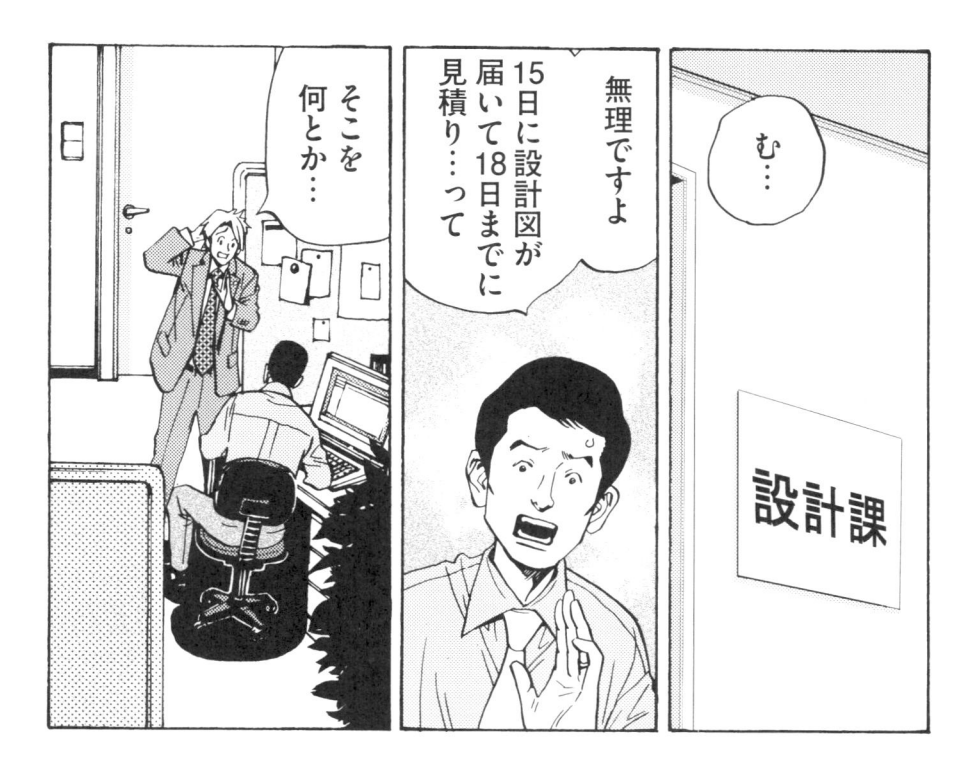

よし！第一関門突破だな！

でもここからが勝負だからな！

はい！

む…

無理ですよ 15日に設計図が届いて18日までに見積り…って

そこを何とか…

設計課

池上様の方もありますし…
河合様の件も…
がっ
そこを…
何とかしてくれよ！
しょ…所長！
今月の契約なんだからさ
不可能を可能にするのがプロフェッショナルだろ？
ぽんぽん
かぜの中のすーばる〜♪
……
それはプロジェクトXですよ…

さすがプロフェッショナル よろしく頼むよーーっ！

わ…わかりましたッ

！

ギロ

10月19日（火）

午前中に設計図と見積りが揃った

訪問まで時間が無いのでとりあえずプレゼン用の資料作りにとりかかる

えーと…内装外装住宅設備機器のカタログをカラーコピーして…と

総資金計画リストを作成して…

傾向と対策 ③

建て替えでも、解体前の地盤調査は絶対必要

マンガでは、営業マンの永田君は敷地調査の話をしきりにしていたが、本来ならばここで、地面の固さ（強度）を調べる地盤調査も一緒に行わなければならない。建て替えの場合はそこに家が建っているので地盤調査はできないと思うかもしれないが、庭先など家の周辺で地盤調査を行うことは可能だ。

優秀な営業マンほど契約前に地盤調査を実施させてほしいと話をし、その結果地盤補強が必要であれば、補強費用を資金計画の中に組み込む。どうやらマンガの永田君はそのへんをおろそかにし、プラン決めを優先して何とか次の段階へ話を進めようとしているようである。

このまま契約まで進んでしまうと、もし解体後の地盤調査で地盤補強が必要だとなったとき、追加変更契約時に予定外の費用が追加発生することになってしまう。だから、建て替えであっても契約前に地盤調査をちゃんと行ったかどうか確認しておきたい。

希望プランは箇条書きにしてまとめておく

設計士が施主のプランをヒヤリングするとき、施主の要望を事細かにたずねる良い設計士と、自分の考えを施主に押し付けようとする不届きな設計士がいる。後者のような設計士のペースにはまった結果、後悔する施主は意外に多いものだ。

そんなことにならないように、施主としては

自分たちの住まいに対する考えをまとめて、箇条書きにしておくとよい。例えば、

・LDKはオープンスタイルかそれともK+LDにするか
・キッチンは対面式か独立がいいか
・高断熱、高気密にこだわるか
・照明器具は白熱灯か蛍光灯か
・エアコンは個別か全館空調か
・床暖房は絶対必要か
・オール電化にしたいか
・子供室は南側かこだわらないか
・現在使用している家具や家電製品で絶対持ち込むものはどれか（リストアップ）

等々、この段階では少々無理と思われる希望も書き出し、注文をつけておいたほうがよい。

予算は低めに伝える

マンガの永田君は、二度目の訪問で望月家の資金の内訳までしっかりヒヤリング。営業マンはこうして早くプランを固めたいわけだが、ハウスメーカーのペースにはまってはいけない。というのは、不思議なことに、次回見積り提示の段階で営業マンは、ほぼ施主が言ったとおりの金額の見積りを持ってくるものだからだ。

どのような間取りにするか、また使用する内装材・外装材・住宅設備機器なども細かく決めていないこの段階で目いっぱいの予算を教えると、あとで細かな内容を決める際に予算オーバーとなってしまい、満足した内容にならないことがよくある。だから、営業マンに予算を聞かれた

ら、想定している金額を正直に言わないこと。望月さんの例では、自己資金1000万円を500万円と、少なめに伝える。こうしておけば、あとで何かあっても予備資金が500万円あるので、予算内で対応できるのである。

契約までを急ぐと設計ミスが起こりがち

ハウスメーカーの多くは受注産業という性格から、社内での立場は営業セクションが強く、設計セクションは営業の補助的な立場になる。

マンガのように契約までの期間が短い場合、設計は営業に急かされて無理をしがちで、結果としてかなりの確率で設計ミスが発生する。しかし、設計図を見てミスを見抜くことは素人には困難。やむを得ず契約を急ぐ場合には、設計図をホームインスペクター（本書第3部参照）など第

三者のプロにチェックしてもらうほうがいい。

見積りの項目がきちんとしているかをチェック！

見積書には、本来次のような項目ごとの金額が明記されていなければならない。

① 建築本体工事費
② 付帯設備工事費
③ 空調換気設備工事費
④ 外（がい）構（こう）造園工事費
⑤ 照明器具代
⑥ カーテン代
⑦ その他オプション費用

ところが、マンガの永田君は時間がなかったために、持参した見積りは①だけで、あとは概算だけの予算書。次ページに某ハウスメーカーの資金計画表の雛（ひな）形（がた）を載せておくので、こうした項目ごとの見積りがきちんと出ているかどうかをチェックし、いい加減なものが出てきたら、きちんとしたものを出すよう要望しよう。

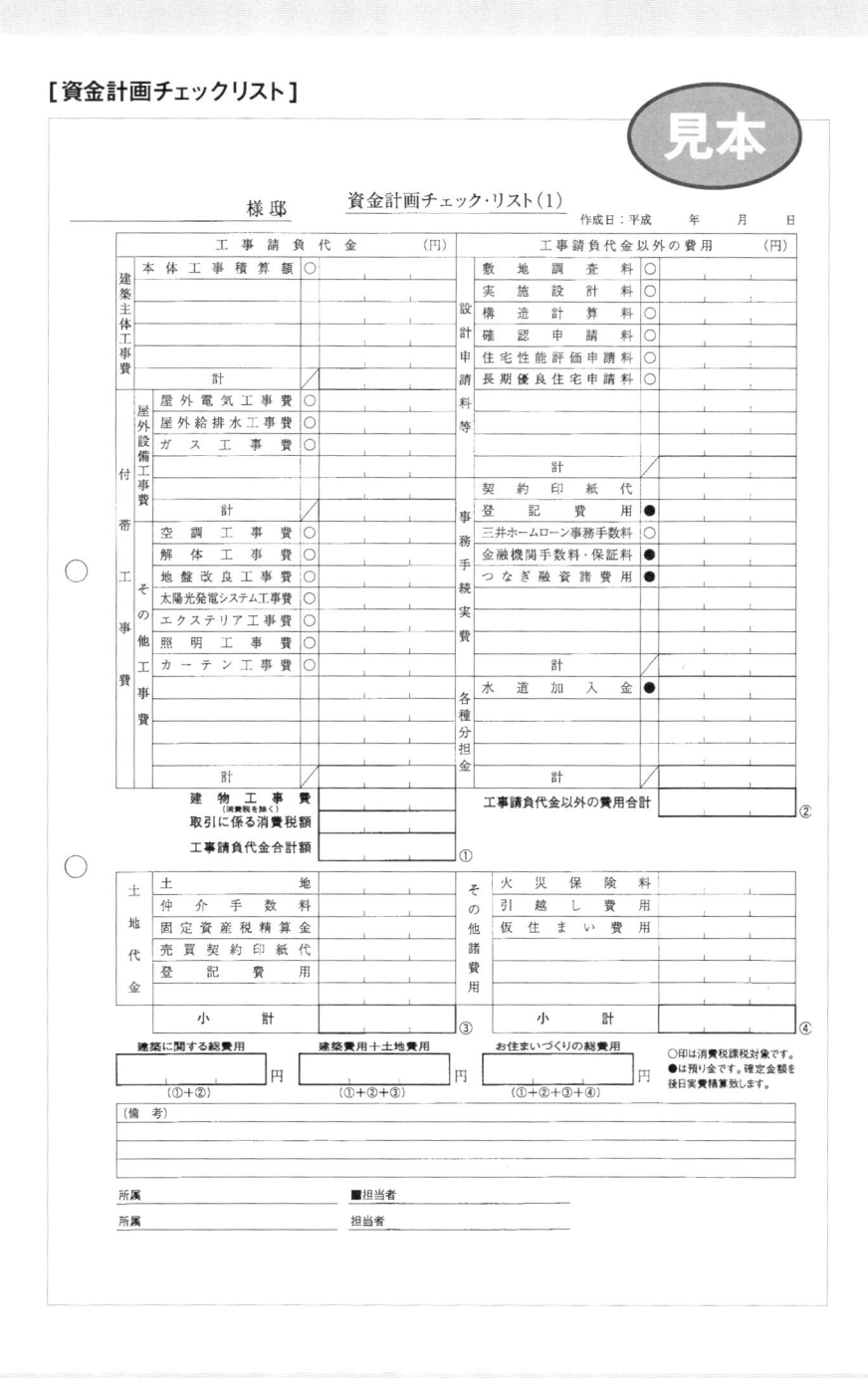

― 第2部 ― モデルハウス訪問から契約まで

[資金計画チェックリスト]

見本

様邸　資金計画チェック・リスト(1)

作成日：平成　年　月　日

工事請負代金	(円)	工事請負代金以外の費用	(円)

建築主体工事費
- 本体工事積算額 ○
- 計

付帯工事費
- 屋外設備工事費
  - 屋外電気工事費 ○
  - 屋外給排水工事費 ○
  - ガス工事費 ○
  - 計
- その他工事費
  - 空調工事費 ○
  - 解体工事費 ○
  - 地盤改良工事費 ○
  - 太陽光発電システム工事費 ○
  - エクステリア工事費 ○
  - 照明工事費 ○
  - カーテン工事費 ○
  - 計

建物工事費（消費税を除く）
取引に係る消費税額
工事請負代金合計額 ①

設計申請料等
- 敷地調査料 ○
- 実施設計料 ○
- 構造計算料 ○
- 確認申請料 ○
- 住宅性能評価申請料 ○
- 長期優良住宅申請料 ○
- 計

事務手続実費
- 契約印紙代
- 登記費用 ●
- 三井ホームローン事務手数料 ○
- 金融機関手数料・保証料
- つなぎ融資諸費用 ●
- 計

各種分担金
- 水道加入金 ●
- 計

工事請負代金以外の費用合計 ②

土地代金
- 土地
- 仲介手数料
- 固定資産税精算金
- 売買契約印紙代
- 登記費用
- 小計 ③

その他諸費用
- 火災保険料
- 引越し費用
- 仮住まい費用
- 小計 ④

建築に関する総費用（①+②）　円
建築費用＋土地費用（①+②+③）　円
お住まいづくりの総費用（①+②+③+④）

○印は消費税課税対象です。
●は預り金です。確定金額を後日実費精算致します。

（備考）

所属　　　　　　　　■担当者
所属　　　　　　　　担当者

第4ステージ　プレゼンを受ける

10月19日（火）19：00　プランと費用の提示

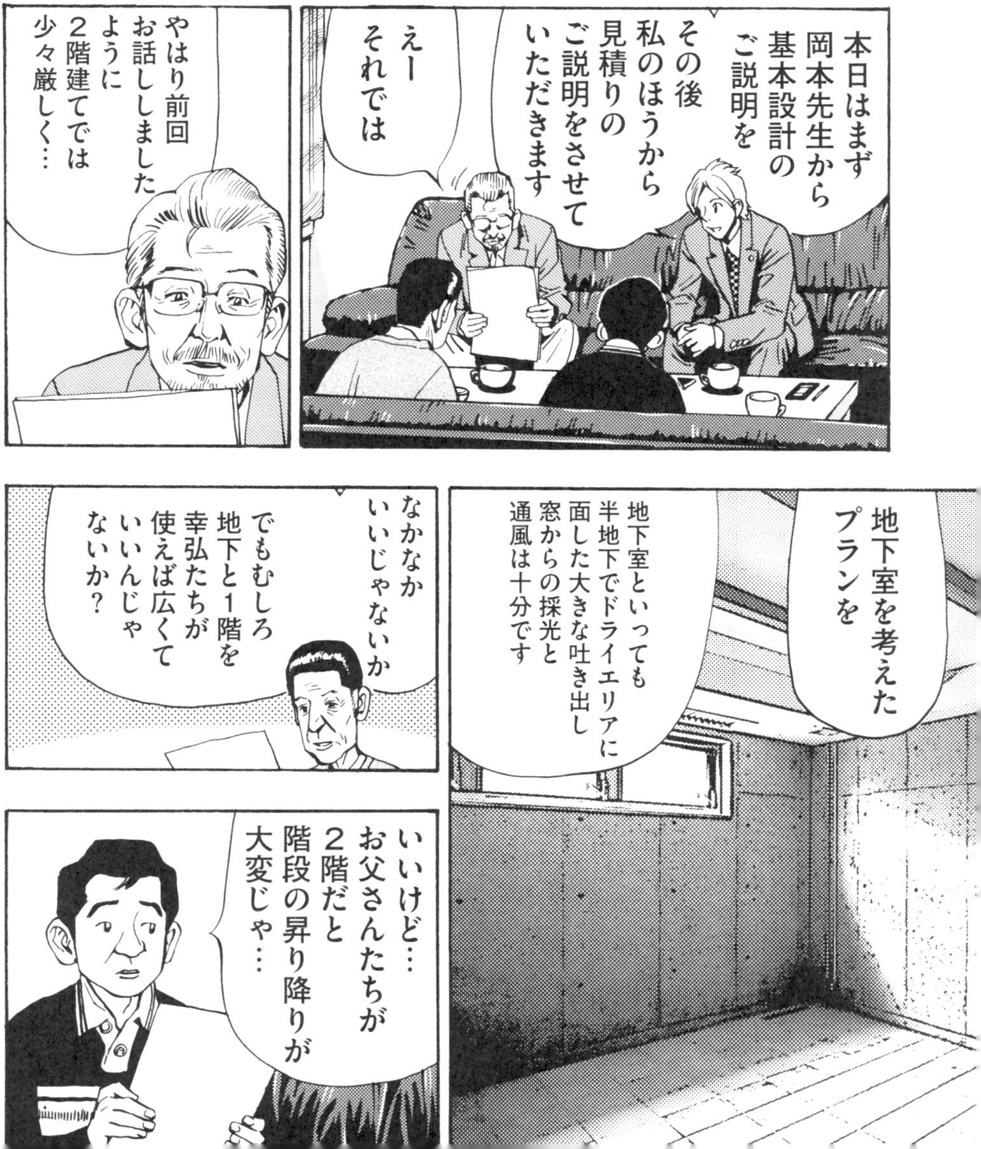

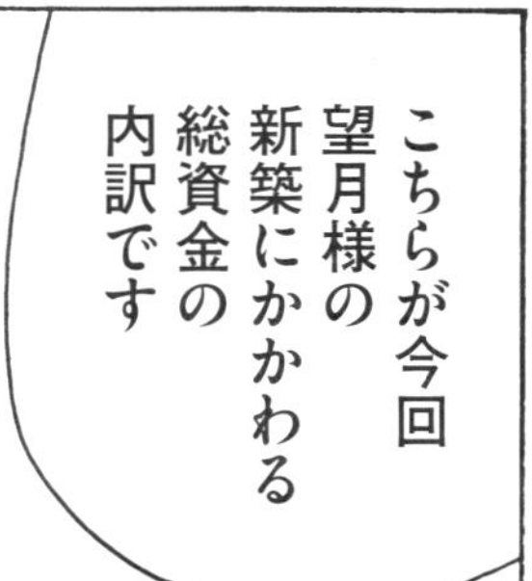

見積書書式例

資金計画チェックリスト（1） 入力

様邸　　　　作成日：　　年　月　日

住まいづくりに要する諸々の費用です。適正な予算配分計画をお立て下さい。

工事代金			（円）
建築主体工事費	本体工事積算額	○	
	追加変更工事積算額	○	
	御値引き	○	
	計		0
付帯工事費 屋外設備工事費	屋外電気工事費	○	
	屋外給排水工事費	○	
	ガス工事費	○	
	計		0
付帯工事費 その他付帯工事費	解体造成工事費	○	
	空調設備工事費	○	
	外構造園工事費	○	
	照明器具	○	
	カーテン	○	
	計		0
工事価格（消費税を除く）			0
取引に係る消費税額（ 5 %）			0
合計額（請負代金）			0 ①

工事代金以外の費用（円）			（以下の項目は消費税等の相当額を含んだ金額です。）
諸費用	敷地調査料	○	
諸費用 設計申請料	実施設計料	○	
	確認申請料	○	
	公庫申請料	○	
諸費用	インテリア設計料	○	
	計		0
事務手続実費	印紙代		
事務手続実費 預り金	公庫預り金		
	登記費用		
	火災保険料		
	つなぎ融資関係預り金		
	計		0
その他	水道局納金	○	
	下水道負担金	○	
	計		0
合計			0 ②

※○印は消費税等の課税対象です。

土地代金		
	土地	
	仲介手数料	
	所有権移転登記費用	
	固定資産税精算金	
	売買契約印紙代	
	小計	0 ③

建物代金（①＋②）	0	円
建物＋土地代金（①+②+③）	0	円

備考

担当者　　　　連絡先

望月邸
総額 5,390 万円

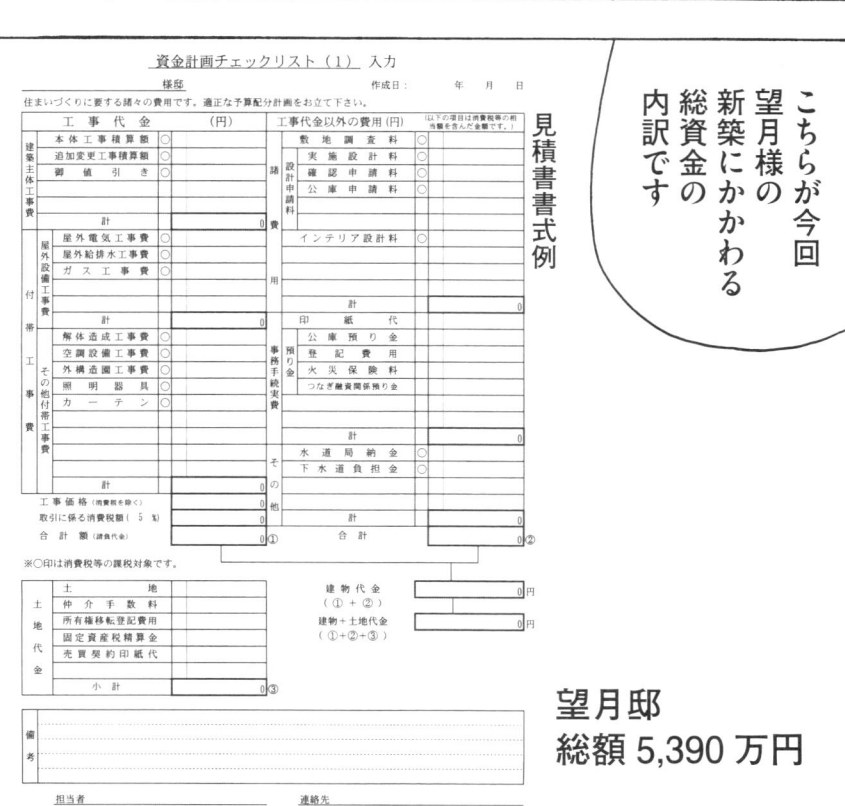

そ・そんなに…!?

照明器具とカーテンはお好みもございますので別枠とさせていただきました

あとはお引越し代をみていただければ

厳しいなァ…せめて5000万で納まらないかなァ…

今月はシステムキッチン無料キャンペーンがありますので

2世帯分で200万のお値引きはお約束いたします

それでも予算オーバー…少し検討時間をもらえないかね

第2部 — モデルハウス訪問から契約まで

傾向と対策 ④

「間取りの詳細は契約後に」は失敗のもと

「間取りについては契約後にじっくり検討できますから」と言われても、真に受けないこと。確かに検討はできるが、その結果、大幅に間取りが変われば当然金額も大幅に変わってくる。

概算ではなく内訳を確認

総資金リストに、まず家を新築する際のすべての費用が明記されているかどうかをチェック。次に各項目の細かな金額が記された「内訳書」があるかどうかも大事なポイント。内訳がなく「概算」とか「予算」となっていたら、契約後に大きく金額が変動する可能性が大だ。

標準仕様は実際のものを確認

「標準仕様」という言葉が出てくるが、これがクセ者。上中下のうち中くらいという「標準」のイメージが、実際の標準と異なっていると、契約後に「こんなはずでは…」となって大幅な金額アップとなることがよくある。標準仕様は写真だけでなく、サンプルや実物を目で見て、手で触って確認しておくことが大切だ。

キャンペーン値引きは常套手段

「システムキッチンの無料キャンペーン」といった営業トークは、ハウスメーカーの常套手段。単なる値引きでは質が悪くなるのではという不安を施主に与えず、○○キャンペーンという言葉でお得感を醸しだすのである。

第5ステージ 契約のための
クロージング営業

10月23日（土）「3月引渡し」にご注意

今日は営業所の所長の塚本をお連れ致しました

はじめまして塚本です

この度は永田が大変お世話になりまして

永田の説明で不十分なところなど本日は私の方から…

永田さんよくやってくれていますよ

恐縮です

早速ですが…

お値引きに関しまして所長のほうから特別の許可が出たものですから

実はこの永田がもう少しで社内表彰に手が届くところまできておりましてワタクシとしても何とか彼を男にしてやりたい！と…

なるほど…
それで値段はどのように…?
前回お約束した200万に今回特別お値引き400万をプラスさせていただきます
おお!600万か!!
ただし今月中のご契約に限るというのが支店長からのお達しでして…
今月中…
…
いかがでしょうか?当初の総額が5390万そこから600万を引きますと…
ピピポピ
お値引き後は4790万
5000万を切ったわけか…
4790
TAX & CONVERSION

今月契約をしたとするとその後の予定は?

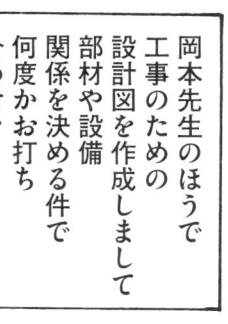

岡本先生のほうで工事のための設計図を作成しまして部材や設備関係を決める件で何度かお打ち合わせをそれから役所へ確認申請を出して許可が下り次第着工です

通常はご契約してから2ヶ月後には着工着工から竣工(完成)までは約4ヶ月です

ただいま永田が申しましたのは一般的な工程でして…

実は今回の特別お値引きの決裁に関して支店長からお引き渡しが来年の3月という条件がつきまして

ん?

着工までに2ヶ月だから…

2月 ⇨ 着工(来年1月) ⇨ 完成(来年3月)

来年1月の着工3月完成ということは1ヶ月足りないのでは?

12月中旬には着工できるよう社内調整いたしますので

望月様にもご協力いただければ問題ございません

まあ3月なら孫の幼稚園の入園に間に合うな

ええ

契約時
　　諸費用 300 万
　　契約金 100 万
その後
　　上棟時 600 万
最終金は
　　残金ローン充当分

ご契約の日取りを決めたいと思いますが…

ご希望に添えるよう頑張ります

400万はご契約の翌日のお振り込みで結構です
10月29日が大安ですがご都合はいかがでしょうか？

結構ですが契約当事者は私と幸弘の連名に？

はい
建物の登記名義人はお二人になりますので

わかりました

では29日よろしくお願いします

傾向と対策 ⑤

値引きに釣られて契約を急がない

マンガの塚本所長は、永田君が優秀で表彰されるとか、支店長の特別枠だとか、望月さんのために特別な計らいをしているといったトークを繰り出した。契約前のクロージング営業では、このような手がよく使われる。

また、「今月契約が値引きの条件です」もクロージング営業の常套句。これで契約に走ってしまう施主が多いが、翌月になったら値引きはなく、条件が極端に悪くなるようなことはまずないので、十分検討した上で契約したいものだ。

値引きのカラクリ

値引きを必要以上に強要すると材料を落とされたり、手抜き工事をされるのではないかと考える施主が多いが、少なくとも大手ハウスメーカーではあり得ない。

住宅の価格は大きく分けて〈材料費〉〈工賃〉〈販売管理費〉の3本柱からなる。このうち材料費と工賃については、ハウスメーカーから材料の仕入れ先・下請け業者への発注単価は決まっていて、1棟ごとに価格を変動させるようなことはできない。値引きは、残る販売管理費の中の粗利率で調整されている。メーカーによって値引き率が異なるのは、この粗利率の設定が異なるためである。

決算期になるとハウスメーカーは、業績を受注棟数・受注額・粗利率の3項目で評価する。決算期が近付いた段階で受注額と粗利率の目標を達成しており、受注棟数が足りない状況の時は、通常月より値引きをして受注棟数を確保するメー

3月引き渡しは要注意

マンガでは、工期を縮めてでも3月に引き渡そうとしているが、これは実際によくあること。

3月決算期内の売上を確保したいメーカー側の事情のためだが、施主側も子供の入学や転勤などの理由により3月引渡しを希望する方が多いため、3月に引渡しが集中するのである。

ということは、工事担当者はこの時期多くの物件を抱え込み、現場に出向く時間が少なくなる。下請けの工務店や職人も仕事がピークでオーバーワークになったり、応援部隊を呼ぶことが多くなる。3月引き渡しだと、他の月に比べて工期が遅れ、職人の仕事の質も落ちる可能性が高くなるというわけだ。

つまり、望月さんのように3月入居をぎりぎりのスケジュールで組むのは危険だ。確実に3月引き渡しを希望するなら、最低でも1カ月前の2月内に完成するようなスケジュールで着工してもらうようにすべきである。

贈与税緩和措置の説明がない！

名義の件で永田君は大事な説明を省いた。自己用の住宅を建築する際、贈与税の緩和措置があることを説明していない。

「一定の要件を満たす住宅用家屋を新築・取得・増改築しようとするときに父母等から資金の贈与を受けた場合、相続時精算課税制度を選択すると最高3500万円まで贈与税の特例が受けられる」というもの（所定の申告が必要）だ。

息子の名義にして父親が資金を贈与するかしないかは、この制度を利用するかしないかは節税につながる。

ともかく、説明もないのは不親切である。

第6ステージ いよいよ契約！

10月29日（金）18：30　チェックポイントはここだ！

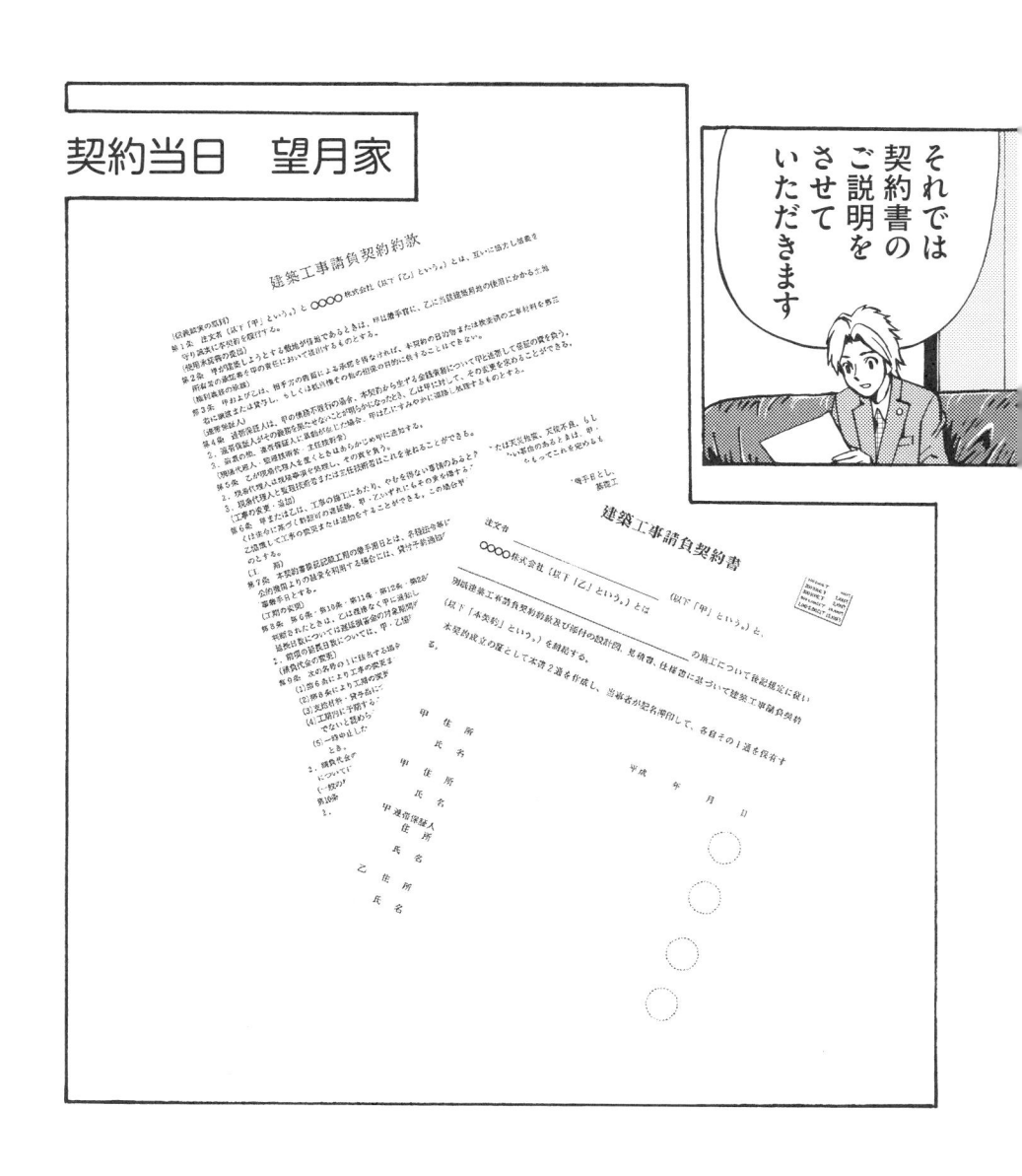

契約当日　望月家

それでは契約書のご説明をさせていただきます

以上ですが よろしければ こちらに ご住所 お名前 捺印を
はい
望月幸弘
ふぅ
一生懸命 やらせて いただきます！
頼み ましたよ！

では次は岡本先生を交えての実施設計のお打ちあわせですが…

11月6・7日のご都合はいかがでしょうか?

6日の13:00なら…

ええ

場所は私どもの支店に打ち合わせのブースがありますのでそちらでお願いいたします

お車でおいでいただく場合は地下に駐車場がありますので

また当日図面等はこちらで用意いたしますのでできればお手持ちの家具の大きさを測ったリストをご持参いただければと思います

その頃ハウスメーカーでは…④

10月29日（金）21：30
無理なスケジュールはハウスメーカーの都合で決まる

望月邸の契約が無事済みまして
11月6日13：00から支店で詳細打ち合わせを…

6日の午後は先約がありまして

何とか調整して下さいよ岡本先生

そう言われても…

12月中旬には着工しないと3月の売り上げが立ちませんから…

しかしね…

貸しなさい

所長の塚本です

先生6日大丈夫ですよね

い・いや先約がありましてね

ほう

…

先約というのは他社さんとの
別の打ち合わせですか？
そうですが…
残念ですな
そういう事でしたら他の設計事務所さんに変更という事にさせていただかないと…
……
とにかく3月売り上げが必達ですから
残念ですな先生
わ…わかりました！何とか調整します!!
しかし…6日だと平面図と立面図がやっとですが…
展開図がなければ打ちあわせになりませんよ
じゃ永田にかわります
無理言ってすいません
展開図全部は無理だよォ…
そこを何とか先生が頼りなんです6日お願いします！

傾向と対策 ⑥

営業契約書に書かれる「工事着手日」にご注意

契約時には注意すべき大事なポイントが何点かある。

まずは工事の着手日について。

「確認申請が許可になってから○日後に着手し、着手後○○日後に完成」と記されて問題となるケースがある。つまり、確認申請の提出が遅れて完成が遅れるケースだが、その原因が、施主が設計の打ち合わせで何度も変更を重ねて提出が遅れた場合と、ハウスメーカーが設計図作成に手間取って遅れた場合がある。

前者の場合は施主側に原因があるので納得できる。しかし後者の場合はハウスメーカーの怠慢による遅れなので施主は納得できない。後者の場合、ハウスメーカーの営業マンは役所や民間の確認申請機関が審査を遅らせたと言い訳して、責任を逃れようとすることもよくある。

工事着手日が遅れれば当然完成日もスライドして遅れる。引越し日を限定などしている場合は問題となるので、着手日は「確認申請提出後○日」とか、単純に「○月○日」と明記させるべきである。

トラブルを避けるため、約款に条文を加える

「請負契約約款」を契約前に必ず提出させ、熟読しておくこと。難解な日本語で書かれているので面倒だと思う方が多いが、納得できない箇所を事前に営業マンと協議をして別紙覚書等で修正なり追記なりをしておくことが大事だ。

特に工事の遅延がトラブルとなるケースはよくあるので、「ハウスメーカー側の事情で引き渡しが遅延した場合、施主がこうむる一切の被害をハウスメーカーが負担する」といった一文を付け加えておくべきである。

無理なスケジュールは必ずミスを生む

マンガでは、3月引渡しはかなり厳しいスケジュールとわかっていながら無理やり施主に約束をしてしまった。そのしわ寄せは、当然下請けの設計事務所へ。塚本所長が設計事務所へ伝えた設計スケジュールは、10日は必要なところを6日でやれという無理難題。これでは図面にミスが発生することは必至と言える。

家づくりは素人にはわからないことが多いため、「プロに任せておけば間違いはない」と思ってしまうのがそもそもの間違いで、本書第3〜4部を読んでいただければおわかりのとおり、大きなミスもよく起こるのが家づくりの現場だと心得ておくべきである。

とくに設計ミスは、あとで大きなトラブルになりかねないので十分に注意したいところだが、素人目にはほとんどわからないのが落とし穴。無理なスケジュールを組んだ場合はプロの目で第三者チェックを依頼するなど、とくに注意が必要である。

[契約書例1]

建築工事請負契約書

注文者　　　　　　　　　　　　　　　（以下「甲」という。）と、

○○○○　株式会社（以下「乙」という。）とは

　　　　　　　　　　　　　　　　　　　　　　の施工について後記規定に従い

別紙建築工事請負契約約款及び添付の設計図、見積書、仕様書に基づいて建築工事請負契約（以下「本契約」という。）を締結する。

本契約成立の証として本書2通を作成し、当事者が記名押印して、各自その1通を保有する。

平成　　年　　月　　日

甲　住　所
　　氏　名

甲　住　所
　　氏　名

甲　連帯保証人
　　住　所
　　氏　名

乙　住　所
　　氏　名

[契約約款例（工事遅延金の項目）]

（遅延損害金）
第22条　乙の故意または過失によって、契約期間内に本契約の目的物の引渡しができないで遅滞にあるときは、甲は、遅滞日数一日について、請負代金から工事の出来形部分に対する請負代金相当額を控除した額の2500分の1に相当する額の違約金を乙に請求することができる。
2．乙が本契約の目的物を引渡し、甲に請負代金の支払いを求めても、甲がその支払いを遅滞したときは、乙は、引渡しの日から遅滞日数一日について、請負代金からすでに受領した代金を控除した残額の2500分の1に相当する額の違約金を甲に請求することができる。
3．甲が、前払または部分払の支払いを遅滞したときは、乙は、遅滞日数一日について、支払遅滞額の2500分の1に相当する額の違約金を甲に請求することができる。
4．甲が本条第2項の遅滞にあるときは、乙は、本契約の目的物の引渡しを拒むことができる。この場合、乙が自己の物と同一の注意をもって管理しても、なお本契約の目的物に損害を生じたときは、その損害は甲が負担する。また、本契約の目的物の引渡しまでに管理のために要した費用は、甲の負担とする。

[契約書例２]

見本

建築工事請負契約約款

(信義誠実の原則)
第１条 注文者(以下「甲」という。)と ○○○○ 株式会社(以下「乙」という。)とは、互いに協力し信義を守り誠実に本契約を履行する。
(使用承諾書の提出)
第２条 甲が建築しようとする敷地が借地であるときは、甲は着手前に、乙に当該建築用地の使用にかかる土地所有者の承諾書を甲の責任において提出するものとする。
(権利義務の承継)
第３条 甲および乙は、相手方の書面による承諾を得なければ、本契約の目的物または検査済の工事材料を第三者に譲渡または貸与し、もしくは抵当権その他の担保の目的に供することはできない。
(連帯保証人)
第４条 連帯保証人は、甲の債務不履行の場合、本契約から生ずる金銭債務について甲と連帯して保証の責を負う。
２．連帯保証人がその義務を果たせないことが明らかになったときは、乙は甲に対して、その変更を求めることができる。
３．前項の他、連帯保証人に異動が生じた場合、甲は乙にすみやかに連絡し処理するものとする。
(現場代理人・監理技術者・主任技術者)
第５条 乙が現場代理人を置くときはあらかじめ甲に通知する。
２．現場代理人は現場事項を処理し、その責を負う。
３．現場代理人と監理技術者または主任技術者はこれを兼ねることができる。
(工事の変更・追加)
第６条 甲または乙は、工事の施工にあたり、やむを得ない事情のあるとき、または天災地変、天候不良、もしくは法令に基づく許認可の遅延等、甲・乙いずれにもその責を帰することのできない事由のあるときは、甲・乙協議して工事の変更または追加をすることができる。この場合甲および乙は、書面をもってこれを定めるものとする。
(工　期)
第７条 本契約書標記記載工期の着手期日とは、各種法令等に基づく許認可等を受けた後の基礎工事着手日とし、公的機関よりの融資を利用する場合には、貸付予約通知書等の着工許可に関する所定の書類受領後の、基礎工事着手日とする。
(工期の変更)
第８条 第６条・第10条・第11条・第12条・第28条の工事変更により工期内に工事を完成することができないと判断されたときは、乙は遅滞なく甲に通知し、その理由を付して工期の延長を求めることができる。なおこの延長日数については遅延損害金の対象期間外とする。
２．前項の延長日数については、甲・乙協議のうえ書面によりこれを定めるものとする。
(請負代金の変更)
第９条 次の各号の１に該当する場合は、甲および乙は相手方に請負代金の変更を求めることができる。
　(1)第６条により工事の変更または追加があったとき。
　(2)第８条により工期の変更があったとき。
　(3)支給材料・貸与品について品目、数量、受渡期間、または受渡場所の変更があったとき。
　(4)工期内に予期することができない法令の制定・改廃、経済事情の激変等により、請負代金が明らかに適当でないと認められたとき。
　(5)一時中止した工事または災害を受けた工事を継続する場合、請負代金が明らかに適当でないと認められたとき。
２．請負代金の変更をするときは、甲・乙が協議して書面をもってその金額を定める。ただし、工事の減少部分については工事費内訳明細書により、増加部分については時価によるものとする。
(一般の損害)
第10条 工事の完成引渡しまでに本契約の目的物、工事材料その他施工一般について生じた損害は乙の負担とする。
２．ただし、前項の損害のうち、次の各号の１に該当する場合は甲の負担とし、乙は必要に応じて工期の延長を求めることができる。
　(1)甲の都合によって着手期日までに着工できなかったとき、または甲が工事を繰延もしくは中止したとき。
　(2)甲の前払、または部分払が遅延したため乙が着手出来ず、または工事を中止したとき。
　(3)支給材料または貸与品の受渡が遅れたため、乙が工事の手待または中止をしたとき。
　(4)その他、甲の責に帰すべき事由によるとき。

第7ステージ 実施設計の打ち合わせ
11月6日（土）　メーカーのミスを見逃すな

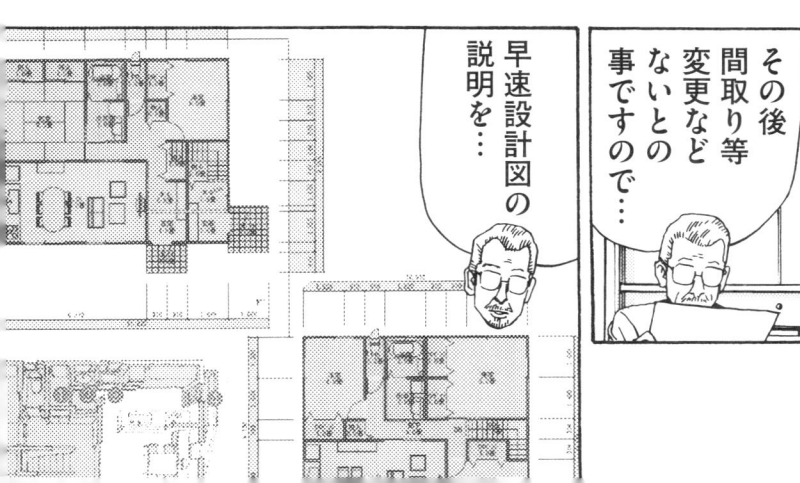

契約書に閉じた平面図は縮尺が1/100でしたが

この実施設計図では1/50で細かい部分も記されています

立面図も今回は東西南北の4面をそれと各お部屋の4面を立面的に見た展開図をご用意しました

それでは岡本先生お願いします

その後間取り等変更などないとの事ですので…

早速設計図の説明を…

それでは次に持ち込まれる家具のお打ちあわせを
各部屋に持ち込む家具を永田さんから教わった方法で幅・奥行・高さを書き出してきました
一つ一つ確認していきます
地下室主寝室のベッドはキングサイズですがフレームは組み立て方式ですか?
はい バラせます
東側の壁にヘッドボードを置くと周りのスペースは60㎝くらいですが?
それだけあれば大丈夫です
2階の納戸へは箪笥(たんす)を2竿と洋箪笥が大きいですが分解できます?
分解は出来ないね
——っ
では横に2竿並べるのは難しいので対面式に並べましょう
収まればそれで結構です

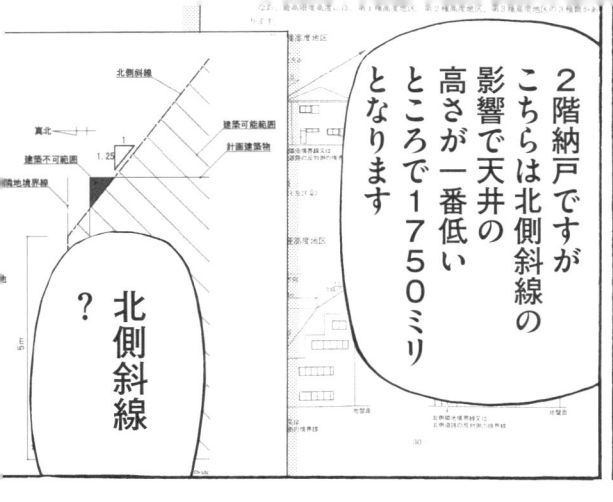

それでは次に展開図の説明を

2階納戸ですがこちらは北側斜線の影響で天井の高さが一番低いところで1750ミリとなります

北側斜線？

北側隣地の日照に問題が起こらないように法律制限があるんですよ

でも1750ミリだと洋箪笥が入らないんじゃ…

そ…そうですねうっかりしていました…

あ…！

配置はもう一度検討させていただきます

まったく〜〜っ所長がプレッシャーかけまくるからこっちは睡眠時間足りないんだよォ〜

プランは変更なしで大丈夫かと…

天井の高さが低くなるのはどの範囲です？

2階の北側に面する部分すべてですね

じゃ2階の浴室も？それ困ります!!

浴室はユニットバスですから少し床を下げれば2メートルの天井高は確保できます

2階の床を下げたら1階の天井が低くなるんじゃ…

えー浴室の下はキッチンで天井まで2.2mは確保できます

2.4mあったのに20cmも低く？

70センチの吊戸を50センチのタイプに変更されれば少々お安くなりますし…

収納が少なくなるのは困ります!!

建築基準法の制限ですから守らないわけには…

建物を南側へ1mずらせば…

そんな事したら庭がせまくなるじゃないですか！

今更そんな事言われてもねぇ

ご説明不足は申し訳ありません

しかし工期も決められているので建物を南へずらすか天井を少し下げるかのご選択を…

次回のお打ちあわせまでにお決めいただければ…と

今更天井が低くなるなんておかしいわよ！

お母さんの言う通りだわ

キッチンの収納も少なくなってしまったし…

だからといって南にずらしたら庭がなあ…

設計ミスなんだから受け入れられないって永田さんに言ったら？

しかし…人間のやる事だからミスもある程度は認めてやらないと…

あなたはすぐにいい人になろうとするんだから！

だったら自分でさっきそう言えば…

まあまあケンカしたってはじまらないよ！

どうするかを決めようよ

僕は庭を犠牲にしても2階の天井の高さを優先した方がいいと思うけど

……まあ仕方ないからそうするか…

傾向と対策 ⑦

家族で細かい点まで話し合っておく

設計の確認作業としては主に次の項目がある。

① 外部仕上げ材料をサンプルや写真を見ながらの確認。この段階では部材の色はまだ決めず、部材の特性や機能について説明がある。仕上げ材料の変更を希望する場合、この段階で申し入れをしておく。たとえば屋根を瓦に変更したいといった希望があればリクエストをして、その場合金額がどのくらいアップするか確認をしておきたい。

② 平面図をベースに、サッシの種別や開き方・ドアの種別や開き方・持ち込み家具等の設置場所などを細かく決めていく。

③ 展開図をベースに、各部屋の天井の高さ・物入れなど収納の内部の棚の位置や数量・キッチン洗面台等の高さなどを決めていく。

④ 電気設備の提案。照明器具・コンセント・スイッチなどの位置を設計士の提案を受けながら決めていく。

⑤ 給水・給湯設備の確認

⑥ 空調設備の確認

細かいことが多いので、あらかじめ家族で変更希望等を話し合い、コンセンサスを得て打ち合わせに臨むことが大切である。

「家具が入らない」はよくあるミス

持ち込み家具のレイアウトの打ち合わせで、マンガの岡本先生は大事なポイントを見逃している。

まず地下室の主寝室に設置するキングサイズ

のベッド。主寝室内のことだけを考え、キングサイズのベッドマットの搬入経路を考えていない。階段から主寝室へ搬入する以外にないが、はたして入るだろうか？

また2階納戸のタンスを向かい合わせで配置するという提案だが、タンス前面の空き寸法をチェックしてない。配置後に、整理ダンス、洋ダンスの引き出しが引き出せるかどうか、洋ダンスの扉を開けて中の引き出しが引けるかどうか心配になる。完成後の引越しの際、持ち込み家具が部屋に入らないといった初歩的なミスは結構多く、相手はプロと信じてお任せにするととんでもないことになる可能性がある。

設計ミスは意外とよくある

建築基準法による北側斜線制限があるのはわかっているわけだから、契約前の図面でチェック済みにしておかなければならない。実施設計の段階になって「変更は仕方ない」というのは到底プロの仕事とは言えない。

事の発端は設計者のうっかりミスだが、これが家庭内の不協和音を生み出してしまうことになってしまった。設計のプロが見れば瞬時にミスだとわかることも、素人の望月さんが気がつかなかったのは当然である。

ハウスメーカーの設計者はプロだから、単純な間違いなどしないだろうと思うだろうが、これが間違いのもと。彼らは短い時間で流れ作業で仕事を進めることもあるので、本来きちんと社内チェックで正すべき点を見逃すことが意外と多いものである。

ハウスメーカーの責任でやり直させる方法

望月さんは完成が遅れるから仕方ないと判断したようだが、ここで完成を遅らしてでももう一度ゼロから設計をやり直しさせることも選択肢の一つである。

先に、「契約約款でハウスメーカー側に落ち度があって完成が遅れた場合、施主のこうむる一切の被害をハウスメーカーが負担する、との覚書を入れておくとよい」と言ったが、こうした事前説明のミスはハウスメーカー側の落ち度なので、覚書が生きてくる。

つまり、契約前の設計内容の説明不足により引渡しが遅延することによる遅延損害金の請求が可能となるわけだ。ただし、問題が起こった時点で、契約前にハウスメーカーの営業から事前説明がなかったことの責任を文書で提出させておくことが肝心だ。

営業マンに「打ち合わせ記録」を残させる

マンガの永田君は打ち合わせ記録もとらず、岡本先生の図面上に書かれた内容のコピーも施主に渡さなかった様子。これでは打ち合わせ内容を忘れてしまったり、記憶違いをすることもあり得る。

優秀な営業マンは、あとで「言った、言わない」という低次元の言い争いにならないよう、毎回の打ち合わせ完了時には、必ず打ち合わせ記録を提示して確認作業をするもの。これをしない営業マンには、施主側から要望してお互いの確認をとるようにしたい。

第8ステージ インテリア、内装、キッチンの打ち合わせ

11月13日（土） 標準仕様とオプションとの差に仰天！

前回懸案事項でした…

配置のほうはいかがでしょうか？

本来は契約前の図面通りにしたいんだけど…

まあそちらもミスを認めてらっしゃるので南側にずらすという事で…

ありがとうございます

今日は岡本先生のほうで外部部材の色決めをして…

その後インテリアコーディネーターの遠藤さんと内装材やキッチンなどのお打ちあわせを…

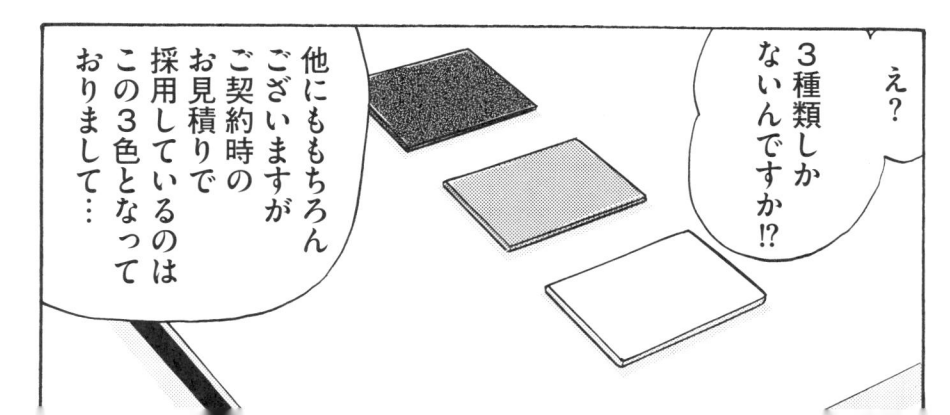

では外部部材の色決めも終わりましたので私と岡本先生はここで退出させていただきます

ここからは遠藤さんが…

よろしくお願いします

まずインテリアですが何かこだわりなどお持ちでしょうか？

2階は特に無いので提案していただければ

では1階と地下の方はいかがです？

インテリアに関しては妻が主導ですから基本的にはシンプルモダンで考えています

床のフローリングですがこの3色を用意しておりますが

え？3種類しかないんですか!?

他にももちろんございますがご契約時のお見積りで採用しているのはこの3色となっておりまして…

グレー系を考えていたんですけど…
いずれもお値段が少々…
合板のものですと全部のお部屋で変更した場合約30万無垢ですと約120万くらいは…
ずいぶん違うのね〜〜〜っ!!
それですと無垢材のものと合板のものと2種類ありますが…
ガサ
どれくらい違うの?
契約時にフローリングは標準仕様より少しランクが上のもので見積っていると聞いたんですが…
ちなみに標準仕様はどれになります?
こちらです
こりゃかなり安っぽいね〜…で
見積りのフローリングはこれより…
8万円くらいお高いと思います

なんだ30万の差額とはえらい違いだな

2階は見積りのでいいから1階のLDKだけでも無垢にしたらどう？

そうすると差額はいくらぐらいですか？

40万くらいですね

そんなに…

まあしょうがないさ無垢にして色を決めなさい

フローリングのグレードアップで、じゃんじゃん費用がかさんでいく望月家。しかし、追加費用はこれだけでは済まない事態が…

その頃ハウスメーカーでは…⑤

11月13日(土) 夜 「地盤調査をしてない！」で大慌て

岡本先生 確認申請のほうはいつ提出を？

地下室の構造計算と構造設計図に2週間くらい必要だから…

確認の受付は11月下旬…

11月下旬に確認受付だと許可が下りるのは12月10日頃

12月15日着工で3月末の引渡しかぁ——

実質工期は100日あるかないか 永田君工事のほうに根回し根回し

そう言えば地盤調査はまだでしたね

建替えですから解体後じゃないと…

できる箇所でやっておかんとだめじゃないか！

は…はい！早急に手配します！！

11月20日(土) 10：00
望月邸敷地軟弱地盤と判明—その対策会議
基礎の補強が必要とのことですが…
地下室の基礎部分が軟弱でして鋼管杭による補強が必要です
費用はどのくらい？
120万円くらいだと
設計担当 小川
120万…か今さらそれは…
望月様に何といえば…
小川君 客出しで120万だろ？
原価だといくらだ？
おそらく100万前後かと
永田君望月様には原価でお話ししなさい
でもたぶん100万でも納得されないと思いますが…
納得させるのがお前の仕事!!
成功とは成功するまでやり続ける事 by松下幸之助
そういう問題じゃないと思うけど…

傾向と対策 ⑧

地盤調査を怠ったツケが回ってきた

先に解説したように、地盤調査は本来は契約前に実施しておくべきで、建替えの場合でも敷地の空いているところで実施をして地盤の強度を確認しておくべきだ。マンガの永田君はそれを怠り、塚本所長に言われて慌てて地盤調査をすることになった結果、基礎補強費が発生してしまった。これは完全にハウスメーカーの責任。

さて、永田君は望月さんにどのように話をするのだろうか？

標準仕様は、必ず実物チェックを

住宅に使われる部材は多岐にわたり、それぞれに仕様のグレードや色に選択の幅がある。ハウスメーカーの営業マンは「注文住宅ですからどんなものでも選択できます」と営業トークをするが、多品種少量生産ではコストダウンができないばかりか、設計・工事段階でも業務量が増加するだけ。そこでハウスメーカーは「標準仕様」を設け、ある程度選択の幅を絞ってもらうように仕向けているのだ。

先に「標準仕様にご注意」という話をしたが、標準という曖昧な言葉の意味を確認しなかった望月さんは、内装材の色決めをする段階になって標準仕様に満足できず、後悔することになってしまった。

営業マンから実物確認の働きかけがなかったら、施主のほうから要望したほうがいい。

第9ステージ

着工前の最終打ち合わせ
11月20日（土）13：00　変更や最終確認は念入りに

えーこちらが前回お打ちあわせのインテリアのプレゼンテーションボードです

あら…私たちのリビングのクロスの柄ってこんなでしたっけ？

はいサンプルでは柄がわかりにくいですが品番はあっておりますので

地下の寝室の床ですがもう少しダーク色に変更したいんですが…

ではこちらはいかがでしょう？

ああそれでお願いします

では照明とカーテンのご提案を…

お疲れさまでした

これで一通りのお打ちあわせが完了となります
変更になりました内容で再度お見積りを作成し最終確認 追加変更契約をさせていただきます

その後は部材の変更などできませんのでよろしくお願いいたします

あの——

さきほど遠藤さんに地下の寝室の床をダーク色に変更してほしいとお願いしたんですが…

やっぱり元の色にしてもらっていいですか？

わかりました遠藤に伝えておきます

変更契約はいつごろ？

12月5日前後かと…改めて次回のお打ちあわせの調整をさせていただきます

ところでですね…実は先日の地盤調査の結果……

ちょっと地盤のほうが軟弱ということで補強が必要になるのですが…
補強というと…？
細径の鋼管杭を打ち込む方法が一番良いという設計の判断でして…
その費用もかかるんだよね？
ええ…建物の解体後でないと正確な金額は出せませんが概算を出すと120万円ほど…
120万!? 何でもっと早く話してくれないの!!
こ…今回はお建て替えで建物を解体しませんと正確な事はわかりませんでしたもので…
そういう可能性があることはわかっていたんじゃないの!?
もちろん120万ものアップは厳しいと思いまして
今回は原価の100万で上司の了解は得ております
追加変更契約の際にもう一度上司に掛け合いまして少しでもお値引きを…
何とかして下さいよ!!
努力いたします

その頃ハウスメーカーでは…⑥

12月5日(日) 10:00　着工前会議で問題になること

「追加変更金額の見積りは？」

「はい 契約時が5390万から600万の値引きで4790万
フローリングの差額が40万
地盤補強が原価で100万ですから契約時から140万の追加で4930万です」

「施主の予算は5000万だから70万の予備費か
遠藤さんのほうの照明カーテンの概算は？」

「ピッタリ70万です」

「そうすると後は外構工事費だけが出っ張るわけだ
永田君 外構は当社受けでなく施主工事にしてもらいなさい」

「金額の質問がくると思いますが100万くらいで話をしておけばいいでしょうか？」

「ああ こっちで受けると経費がのっかるから施主工事のほうが安くできますよと説明すりゃいい」

「はい」

今後の予定は？
確認申請は12月10日頃 図面の最終承認もそれまでにできますから 工事への引継ぎは12月15日メドで
12月15日着工で3月末引渡し
君なら大丈夫だな 野崎君
いえ…
地下室だけで1ヶ月かかりますから かなり厳しいです
工事から望月邸担当
野崎
厳しいのはわかってるが 今期売り上げで支店長に報告しているから 必達だ
しかし ギリギリの工期なので 天候次第でアウトになる可能性が…
天候による予備日はゼロか？
本来ならあと1ヶ月ほしいところですから
とにかく頑張ってくれ
ほら お天道さまもわらってらあ
…
追加変更契約のほうは12月5日前後でアポをとりますので よろしくお願いします

傾向と対策 ⑨

無茶な突貫工事への防衛策を

着工前に開かれるハウスメーカーの着工会議。ここで営業・設計担当者から施主のバックボーンや設計段階でのこだわりなどが工事担当者に説明され、仕事が引き継がれる。マンガでは、最初から工期が厳しいのはわかった上での契約で、そのしわ寄せは工事担当者にやってくるのは当然である。

ハウスメーカーとしては、こうした事態になることは契約前から当然予測できるわけで、いわば確信犯だが、施主としては大金を払うのだから、メーカーの都合によっていい加減な工事をされてはたまったものではない。

これを防ぐには、3月竣工などの危険ゾーンを避ける、何かあったときのために契約約款に一筆入れさせる、そして、本書の第3部で登場するような第三者チェック(ホームインスペクター)を依頼するなどの防衛策を講じておくべきである。

照明器具は入念な確認を

マンガでは簡単にまとめてあるが、実際の最終打ち合わせはもっと時間がかかるのが普通だ。ここで内装材などの変更をしたとき、大事なことは必ず記録を残しておくこと。記録がないと、あとで間違いが起こったとき「言った、言わない」の事態になりかねない。

また、よくあとで問題になるのが照明器具。最近はダウンライトを好んで多用する傾向があるが、これを多用すると、上下階の音が伝わりやすい・玉切れが頻繁に起こる・照度が足りない

などの問題がよく起こるので、この点をよく確認しておく必要がある。間接照明を多用する場合も、やはり照度不足を起こす傾向があるので要注意だ。

さらに照明やカーテンの仕様は、上棟時では変更できないことがあるので、上棟時までに決めればいいといった安易な考えは禁物である。

営業マンのスキル不足が問題を作り、それをさらに大きくする

契約後になって地盤補強費を追加する話が出たのは当然大問題であり、完全にハウスメーカーの責任である。

永田君は望月さんをなだめるため120万円を100万円に下げ、最終的にもう少し下げるよう努力するといった口ぶりだが、施主に期待させる言い方をして結局できないと、これもトラブルになりかねない。

また、永田君が望月さんが要望した地下の寝室のフローリングの色変更の話を上の空で聞き、打ち合わせ記録も残さなかった様子なのも気がかり。このことが現場に入ってから、フローリングの色間違いという、とんでもない事態を招いてしまうのだが……。

いずれにしても、こうしたトラブルの種を蒔かないのが優秀な営業マンであり、そういう意味で永田君のような営業マンはスキル不足と言わざるを得ない。施主にとって優秀な営業マンが付いてくれるかどうかは、後悔しない家づくりのための重要なポイントとなるので、先に解説したように、モデルハウス訪問時に、営業マンのスキルをよく見極めることが大事である。

第10ステージ 追加変更契約

12月5日(日)13:00　変更後の見積りと工程表の確認

最終の追加変更金額は消費税込みで4930万円です

あと照明器具とカーテン代は先日の遠藤の提案内容で70万円となります

それは今回の変更契約には含まれないわけですね

はい それと外構ですが弊社で請け負いますと弊社の経費がのってしまいますので指定工事店をご紹介して直接ご契約いただければお安く…

といってもタダじゃないでしょうし…大体いくらくらい?

一般的なご予算としては100万くらいかける方が多いようです

100万くらい考えておけばいいということですね

ここで追加変更契約書に署名押印をして儀式は終了となる

それでは望月様の現場の監督する工事担当の野崎をご紹介いたします

はじめまして野崎です

今日までは営業の永田が望月様をご担当させていただきましたが…

着工してからは私が窓口となりますよろしくお願いいたします

永田さんはもうお会いする事はないんですか？

いえいえ

営業としてはお引き渡しまでが担当ですから

ただ工事期間中の材料や職人の手配 工程毎の検査は野崎のほうで担当いたします

そういう事か

今後の予定は確認申請の取得予定が12月15日その後着工となりますが今回は地下室もございますので

早急に解体工事に着手したいと思います

よろしければ明日にでもと思いますがお荷物のほうはすでに…

ええ仮住まいの方に移しました

解体後まず現地で地縄確認をお願いしたいと思います

その後「山止め」と言いまして地下室の土を掘削する準備工事をします

おおよその予定では地下室の構造体の完成が1月末 上棟予定が2月初旬 建物の竣工が3月末です

地縄確認とは？

配置図は1/100の縮尺ですから図面上1mmのずれが実際には10cmになってしまいます

ですから現場で実際の寸法を確認しながら目印の糸を張っていく作業です

それが終わりましたら基礎工事に入ります

頼んだよ

何とか着工にたどり着いた望月邸
しかし、その後思わぬ展開が……
続きは第3部にて

傾向と対策⑩

工事の工程を口頭説明で済ませてはいけない

マンガに描かれたのは着工前の最終打ち合わせの様子。

この段階では、変更点すべてが反映された最終の図面と、これまでの打ち合わせによって変更された仕様による変更見積もりが提出される。これを施主側が確認・了承した上で、追加変更契約を交わすことになる。また、このとき工事担当者の紹介があり、工事担当者は工事の工程について施主に説明を行う。

マンガでは、工事担当者の野崎君が工程表を提出せずに口頭で説明を済ませているが、これはいけない。もし工程表が出なかったら、施主のほうから「いつどんな工事が行われるのかがわかる工程表がほしい」と要望して提出させるべきである。

工程表が必要な理由

とくに第三者に現場チェックを依頼する場合、工程表があればどこで何をチェックしなければならないかがわかるし、無理なスケジュールで組んであったとしたらそれもわかり、この段階で質問やクレームを入れることもできるわけである。

とかく日本人はハウスメーカーに対してもいい人になろうとする人が多いが、いい家を建てようと思うなら、むしろ「うるさい施主」に徹するべきである。

「第2部のまとめ」

第2部では、モデルハウス訪問から契約までを段階を追って、マンガとその解説でポイントや対策を説明してきた。マンガでは省いた部分もあるので、ここでもう一度おさらいをしながら、施主側が気をつけるべき落とし穴を整理してみよう。

◆落とし穴1　モデルハウス訪問時と資料請求時の落とし穴

ハウスメーカーのモデルハウスには2種類ある。一つはモデルハウス自体を営業所としているハウスメーカー。この場合は、常時営業マンが詰めて接客に当たっている。もう一つは、モデルハウスをあくまでも展示場として位置づけているハウスメーカー。この場合、平日はモデルアシスタントと呼ばれる女性が詰めており、モデルアシスタントが来場者の接客をする。そして、アンケートに記名した客には、営業所の営業会議で営業担当者が割り振られるわけだ。

土日や祭日で総合展示場でイベント企画を実施しているときは、後者の場合でも営業マンもモデルハウスに詰めていることが多いが、モデルハウスを訪問したときに案内をした営業マンが営業担当となるのが一般的だ。だから、そのときの営業マンと肌が合わないとか、誠実さがないといった印象を持った場合は、住所氏名など明かさないで見学を終わらせたほうがいい。アンケートに記名してしまうと案内役を務めた営業マンが担当に決定し、後々営業担当を変更してもらうには結構無駄な力を使うことになるからだ。

ハウスメーカーの建物は気に入ったが、案内役の担当者が気に入らないと感じた場合は、他の地区にある同じハウスメーカーのモデルハウスを訪問したほうがいい。面倒ではあるが、後悔しない家づくりを実現するには、そのくらいの労力を惜しまないことだ。

またモデルハウス訪問をせず、ネットなどで資料請求

― 第2部 ― モデルハウス訪問から契約まで

をするケースも増えているが、この場合、ハウスメーカーは担当窓口で資料請求を振り分けるようだ。多くは建築地に近い支店や営業所に振り分けられるようだ。

その後、ハウスメーカーから資料が届くが、その中に担当するその営業マンの名刺とご挨拶文が同封されている。ここでもその営業マンに直接連絡をしてしまうと、そのまま営業担当者となってしまうので、とぼけてそのエリアのモデルハウスへ出かけて行って、人物を見てOKと判断してから住所氏名を明かしたほうがいいだろう。

◆ 落とし穴2 気に入ったメーカーと営業マンと出会ってからの落とし穴

検討するハウスメーカーの候補が決まり、担当する営業マンが決まったら、そこがいよいよ家づくりのスタートラインだ。

営業マンにはいろいろなタイプがいるが、他のメーカーと競合させて検討する場合、競合先のハウスメーカーの悪口を言う営業マンは営業スキルが低いと考えるべきだ。他社攻撃でなんとか優位に立とうとする営業手法は感心しないばかりか、自信のない証拠と考えてよい。

施主が営業マンに与える初期情報は、家族構成・建築地の概要・新しい家のコンセプト・資金計画等。このとき、資金計画だけは総額の金額をそのまま伝えずに全体の資金計画の80％程度の金額を伝えておくことだ。

マンガで出てきたように、打ち合わせを重ねるほどに金額はアップする。これは営業マンの予算管理のスキルが低いわけだが、残念ながら、この手の営業マンは多い。

優秀な営業マンは、たとえば施主が総予算4000万円と伝えると、詳細な打ち合わせをしていく段階でのコストアップをあらかじめ想定し、はじめに提案する金額は予備費を考えて提出をするものだ。できない営業マンほどぎりぎりの予算管理をするのである。また、施主側の要望と予算がかけ離れている場合、はっきりとその旨を説明してくれる営業マンのほうが誠実で安心できるのは言うまでもない。

この段階で大事なことは、新しい家のコンセプトを顧客側で具体的にまとめて営業マンに伝えることである。

「4LDKの2階建てで外観は和洋折衷で」この程度の伝え方では、メーカーは基本設計の進めようがない。逆に、この程度の要望で「わかりました、がんばって基本設計をします」という営業マンは、残念ながらハズレである。

◆ 落とし穴3 打ち合わせ記録を書かないことの重大な落とし穴

家づくりがスタートすると、膨大な情報量のやり取りがスタートする。また、打ち合わせのたびに内容については何度も変更が発生するのが普通だ。

それをすべて正確に記憶できるほど人間の記憶力はよくないし、あらゆる情報は施主とハウスメーカーの双方で正確に共有しなければならないのだから、メーカーの営業マンは打ち合わせのたびに記録をとり、それを施主に提示して、その日の打ち合わせ内容の確認をする。これが当たり前の仕事である。

記録をとらない営業マンは最悪だ。後々になって必ず「言った、言わない」という次元の低い結末となり、間違いなくそれが大きなクレームに発展する。とくに電話でのやり取りについては注意をすべきである。電話のやり取りこそ打ち合わせ記録をとるべきで、信頼の置ける営業マンは、話の内容を整理してメールやファックスで送信し、確認をとるものである。

◆ 落とし穴4 契約締結の際の落とし穴

契約書は、契約書・請負契約約款・設計図・見積書(詳細な内訳明細が記載されていることがベスト)がセットになってはじめて契約書と言える。これらのいずれかでも不足する場合は契約書とは言えないので、絶対に契約をしないことだ。

契約書に最低限記載されることは、建築主・建設地・建物の概要・工期・支払い条件等であるが、工期については先の解説のとおり着手日と竣工日の意味を十分に確認しておくことが重要である。また竣工日と引渡し日とは異なるので注意を要する。

契約約款は難解な日本語で書かれているので、その意味を理解するために熟読することを勧める。内容に疑問を感じた場合は遠慮せずに申し出をし、場合によっては別途覚書による補完をすることが大切である。

設計図と見積書は、契約前までに打ち合わせをした内容どおりになっているかどうか必ず確認をしておく必要がある。営業マンは面倒くさがるだろうが、契約日の前に必ず以上の書類の読み合わせをしたいところである。面倒だからと、ろくに契約書や約款を読まない施主が多いが、これは禁物である。これを怠ったために、大金をはたいて大トラブルになったケースを何度も見てきた。基本的には、ハウスメーカーの責任で工期が遅れるとか欠陥が見つかった場合には、その責任のすべてをメーカーが負うことが明記されている契約書にするべきである。

◆落とし穴5　実施設計打ち合わせの際の落とし穴

落とし穴3のところでも述べたが、図面の打ち合わせ

では、多くのことを確認したり決めたりしなければならない。

しかし、提出される図面は、ハウスメーカー側の都合で記号だらけ。材料の色一つとっても英数字の記号で記載されていることが多く、最終的に決定した色は、必ずサンプル（写真は実際の色がわかりにくい）を提出させて確認する必要がある。

設計士は、打ち合わせごとに決定したり変更したりした内容を設計図に赤や黒のサインペンで記載していく。たとえばドアの開く方向を変えた場合は、赤いサインペンで変更方向を書き込む。打ち合わせ記録にそうした内容を書き込みにくい場合もあるので、設計図のカラーコピーを必ず控えとして提出させ保管しておく必要がある。そして、次の設計打ち合わせでは、このカラーコピーで前回の変更内容を確認してから打ち合わせに入ると間違いはない。

ハウスメーカー側の営業マンや設計士はなるべく打ち合わせを簡素化しようとし、流れ作業のように打ち合わ

以前は、まず設計契約をして設計内容を詳細に決めてから請負契約をするといった仕事の進め方をしているハウスメーカーもあったが、現在ほとんどのハウスメーカーでは、そこまでの時間を割かずに契約をしてしまう。結果、契約後の詳細な打ち合わせにより間取りや仕様が変更になり、それに伴って見積りの変更が発生することになるわけである。

そこで、追加変更時にいきなり変更金額の総額を聞いて驚くことがないように、設計打ち合わせの際、変更があった場合に金額がどれくらい変わるかを必ず確認しておく必要がある。

とはいえ、営業マンはその場で即答できないことが多く、「後日、金額をお知らせします」と言ってその場をかわし、その後何日たっても金額が出てこない事例を多く見受ける。結果として追加変更契約の直前になって見積りの総額が出てくるといった具合だ。そうならないためには、くどいと思われるくらいに何度でも確認をする必要がある。

◆ 落とし穴6
追加変更契約時の落とし穴

本来、「追加変更契約」という契約を結ぶ必要がないことが理想だが、なかなかそうもいかないのが現状である。なぜなら、どのハウスメーカーも詳細な設計をしてから契約に持ち込むといった仕事の進め方をしていないからである。

ただし、工事に入ってから決めるといった保留事項をつくることは極力やめたほうがよい。資材の発注が遅れることにより工期が延びる恐れがあること、また資材メーカーによってはタッチの差で廃番になってしまうこともあるからだ。

せを進めていくが、色決めに迷ったりしたら、その場で簡単に決めずに時間をかけてじっくりと検討することが必要だ。遠慮して向こうのペースにはまってしまう施主の方が多いが、自分が施主という発注元であることを肝に銘じるべきである。

― 第3部 ―

着工から完成まで──工事の不手際を見抜く技術

メーカー任せにすると危ない現場のチェックポイント
建築現場の実際のやり取りと写真で解説！

0 ハウスメーカーの着工会議を覗いてみよう

営業・設計から工事へ仕事をバトンタッチ

第2部では家づくりの契約までの様子をマンガを交えて紹介した。その後、望月邸は、追加変更契約も終わり、いよいよ着工の運びとなる。第3部では着工から完成までの様子をドキュメントタッチでレポートする。

まず、着工直前のある日のハウスメーカーを覗いてみよう。

松井ホームでは営業・設計から工事への引継ぎのための着工会議が開かれていた。出席者は、営業（塚本所長・永田）、設計（小川）、工事（野崎）、インテリアコーディネーター（遠藤）の5名。

永田 それでは、望月邸の着工会議を始めます。よろしくお願いいたします。建物概要は、2世帯住宅で両親世帯が2階、息子世帯が地階と2階の同居型です。父親は性格的には穏やかで、両親のほうは特にこだわりはありません。息子世帯のほうがどちらかといえば性格的にも強いかもしれません。今期売上げ邸名として計上しておりますので、工期が厳しい中、よろしくお願いいたします。

小川 設計図はほぼ全図面が出来上がりましたが、社内チェックがまだ完了しておりません。工事への図面の引継ぎは12月20日ころになります。確認申請は予定通り12月15日に取得予定です。

野崎 図面引継ぎはもっと早くお願いしたいのです

― 第3部 ― 着工から完成まで 工事の不手際を見抜く技術

小川　が…。

永田　現状でも20日がギリギリです。地下のほうは完了していますので、地下先行で図面を引き継がせてください。

野崎　野崎さんには厳しい工程でお願いして申し訳ありません。ところで協力業者は決まりましたか？

塚本　地下工事は徳池工務店、建物施工は丸本ハウス、電気は鈴木電気、給排水は田中設備、外構(がいこう)は山田造園です。

野崎　ビルダーは丸本ハウスか…あそこは大工の手が少し問題あるからな。

永田　今回は工期がありませんので機動力のある丸本にお願いしないと大工工事が間に合わないですよ。それとお願いですが、工事に入ってからの変更はないよう営業から施主を押さえつけておいてください。

永田　12日の地縄確認の際にもう一度お話しをしておきます。

野崎　照明と外構はまだ決定していないようだけど、早めに決定をするようお願いします。

遠藤　上棟時では遅いでしょうか？

野崎　地階はコンクリートですよ！コンクリートの中に後から配管を埋め込めって言うの？最低でも地下だけでも地縄時には決定してくださいよ。

遠藤　わかりました…。

永田　12日の地縄の前に照明プランは出来ますか？

野崎　何とかします。

永田　12日に地鎮祭は行うのですか？

野崎　地鎮祭はやります。神主はすでに10時で手配済みです。お供え物も神社のほうで手配済みです。

永田　ということは午前中ですべて終わるね？

野崎　はい、その予定です。

永田　そのほかに保留事項などはありませんか？

一同　ありません。

永田　では野崎さん。今後はよろしくお願いいたし

129

ます。

（解説）着工会議は、営業・設計から工事への引継ぎ会議である。この日以降、施主への窓口は工事担当者へと切り替わる。

ハウスメーカーの多くは、実際の現場を協力業者と呼ばれる下請け業者に発注する。ハウスメーカーの工事担当者の主な業務は以下のとおりである。

顧客管理──
施主への窓口として工程の報告、現場立会いを行う

工程管理──
予定工期と実際の工程の管理を行う

資材管理──
資材納入時期の管理

近隣対策──
現場近隣からのクレーム処理

（解説）工事担当者は常時10棟前後の現場を抱えており、現場には工程ごとの重点管理になっていることが多い。逆に言えば、下請けの技量によって現場の良し悪しが決まってしまうといっても過言ではない。また、今回のように地下室がある住宅は設計経験や現場経験を持っていないと大変なことになる。しかし、インテリアコーディネーターや営業マンは照明器具の決定時期を地下室なしの標準的な進め方で考えていた。木造部分については、上棟段階までに決定しても問題はないが、地下室のコンセントボックス・照明器具取り付けボックス・配管等はコンクリートに打ち込まれるから、着工時には決定しておかないといけないことをこのスタッフは知らなかった。そのお粗末な結果は、後ほど語るとしよう。

第1ステージ　地鎮祭と地縄確認

① 外構をどうするか決めておかないと大変なことに

地縄確認時に外構計画が未定だったが…

施主の初めての現場でのイベントは地鎮祭である。

地鎮祭が終わった後に地縄確認をするのが一般的となっている。地鎮祭そのものは必ず実施しなければならないというわけではないが、多くの方が神主さんにお祓いをしていただくようだ。儀式そのものは30分程度で終了し、神主さんへは初穂料として5万円前後を渡す。以下、時系列で流れを追っていく。

地鎮祭

12月12日

出席者は施主・松井ホーム各担当者・協力業者

永田　地鎮祭も滞りなく終了しましたので、これから地縄確認をさせていただきます。

野崎　始める前に、まず望月邸の現場を担当します協力業者のご紹介をさせていただきます。

地下工事を担当する徳池工務店の徳池専務、本体工事を担当します丸本ハウスの西村課長、電気工事を担当します鈴木電気の宮元主任、給排水工事を担当します田中設備の田中専務、外構工事を担当します山田造園の柿崎主任。

以上ですので、よろしくお願いいたします。

望月　どうかよろしくお願いいたします。

野崎　それでは地縄の確認に参りたいと思います。

今までは図面の上での作業でしたが、実際の建物の大きさを敷地に配置したものが地縄です。設計図の配置図に基づいて敷地に対する建物

望月　の配置を確認していただきました。西側の境界から900ミリ、北側の境界から1800ミリのこのポイントが基準で配置をしております。南側の庭先の距離がものすごく狭く感じをしておりますけど、どのくらいになりますか？

野崎　約2500ミリですね。

望月妻　やはりかなり狭い感じがするわ。永田さん、どう思います？

永田　そうおっしゃられても…。設計の段階でもご説明しましたが、北側斜線の制限を守るとこのような配置になります。

望月　決めたことだから仕方ないよね。

野崎　次に、設計地盤面の説明をさせていただきます。ベンチマークといって今後工事をする上で高さの基準点を決めております。こちらの道路のマンホールの蓋をプラスマイナス0として、設計図通り地盤面は＋400ミリが設計地盤面となります。

野崎　次に、こちらに最終枡がありますが、敷地内の排水は最終的にこの枡に接続して道路の下水本管につながります。

幸弘　先ほど地盤が400ミリ上がるといっていましたが、駐車場の部分はどうなるのでしょうか？

野崎　永田君！外構計画は決定しているのかな？上棟時までにお決めいただくということでお話していますが。

永田　外構計画にもよりますのではっきりとはいえませんが、駐車場部分については土を掘り下げることになると思います。

この後、野崎から今後の工程についての説明があり、地縄確認書に施主のサインをもらい地縄確認は終了した。その後、近隣へのご挨拶を施主同行で行った。

— 第3部 — 着工から完成まで　工事の不手際を見抜く技術

（解説）地縄確認とは、前記のような内容を施主が確認をする。地縄では敷地の建物の位置に縄を（実際にはビニール紐ですが）張り巡らしてある。この段階では建物はかなり小さめに見えてしまう。

今回はまだ外構計画が決定していないので、地縄時に確認すべき以下の点が確認できていない。ハウスメーカーの営業マンは上棟時までに決定すればよいと先送りする傾向があるが、外構計画も地縄確認時には決定しておけば以下のような問題があとで発覚するようなことはない。

実際には以下のような問題が多く発生している。

● 玄関アプローチのど真ん中に最終枡が来てしまった。
● 駐車場のタイヤが載る位置に水道メーターが来てしまった。
● 図面上は駐車場の奥行きは問題なかったが、実際には空調機の室外機が配置されてしまい車が入らなくなった。
● 建物の基礎を深基礎にしていなかったために、駐車場のスロープを急勾配にせざるを得なかった。

第2ステージ 現場訪問(仮設工事と山止め工事の落とし穴)——
ハウスメーカーが信頼できるかどうかをチェック!

> 現場がスタートでも、仮設トイレがない!

12月14日(月)

地縄確認が終わり、いよいよ地下工事の開始である。

望月邸の地下工事は、松井ホームの下請け業者・徳池工務店が担当する。今日は朝から小雨が降っているが、工期がないので工事を決行した。徳池専務をはじめ数人の職人が初めて現場に乗り込むと、そこには仮設トイレがない。

松井ホームの野崎監督に電話でその旨を話すと、野崎監督曰く「仮設水道の申請が遅れて水洗が使えないから1週間後になってしまう。ごめん!ごめん」である。

徳池　今日はこれからやり方〈解説参照〉をはじめるが、仮設トイレは1週間後になるそうなので、近くのコンビニか公園のトイレで済ませるようにしてくれ。
やり方は今日中に終わらせて明日山止めのH鋼〈解説参照〉を終わらせるから、あさってから根切り〈解説参照〉開始の段取りで行く。

職人A　明日も天気予報では雨だけど…雨で足元が緩んでいるからH鋼打ち込みは十分注意してくれ。

徳池　十分注意してくれ。

徳池はそう言って、初めの段取りだけを済ませて他の現場に向かってしまった。

二人の職人が小雨の中やり方作業を進めていたが、

そのうちの一人、職人Ｂが「トイレに行ってくる」と現場を出ようとした。しかし、職人Ａは、「近くに公園はないし、コンビニも住宅街だから歩いて10分以上かかるぞ。人通りもないから現場の隅で済ませてしまえよ。」と制止。やり方は午前中には終わり、午後からは仮囲い〈解説参照〉を完了させて今日の現場作業は終了となる。

〈解説〉実際に現場で作業を開始する前にはいろいろな申請が必要となる。工期がない場合、これら準備段階の申請を現場と並行して行わなくなくなる。仮設トイレは、職人が現場に乗り込む前日までに必ず用意をしなければならないのだが、今回は間に合わず、結果として職人が絶対にしてはいけない行為を犯してしまった。

また、職人が初めて現場に乗り込む日にハウスメーカーの工事担当者である野崎監督は現場に立ち会っておらず、下請け任せといういい加減なスタートとなってしまった。

〈やり方〉
建物の周囲に材木で囲い込みを作り、その材木に建物の配置基準や高さの基準の墨出しをする。地縄の時の配置より精度の高い作業となる。

〈山止めのＨ鋼〉
地下室の土を掘削する際に、周囲の土が崩れ落ちないように土留めをする。その土圧を支えるためにＨ鋼を打ち込み、土を掘削しながらＨ鋼の溝に板を差し込んで土が崩れ落ちないようにする作業。

〈根切り〉
地下室をつくるために地面を掘削し、必要な空間を確保する作業。

〈仮囲い〉
現場に第三者が立ち入ることのないよう、安全対策のため現場の周囲をバリケード等で囲うこと。

お隣の方から苦情
職人のモラルの低さに愕然（がくぜん）

12月19日（土）

土曜日のこの日、施主の望月さんが現場の様子を見に来た。

土の掘削も完了し、掘削した地下の周囲に防水工事を施しているところである。道路上には職人たちの車が路上駐車しており、数日前の雨のためか道路上は泥汚れが激しい。

望月さんは、ご近所にご迷惑をかけていると感じてお隣のお宅に声をかけた。すると、お隣の方から「職人たちのモラルを疑うわ。泥だらけの靴のまま道路を横断したりしているから、道路を清掃して帰るのが普通だと思うけど、そのままなので見かねて私のほうで道路を清掃しています。それと、時々敷地の中で小用をしている職人がいるのはどうかと思いますよ」と言って、デジカメの写真を見せてくれた。

これを聞いた望月さんは愕然として、お隣に最敬礼で引き下がった。さすがに温厚な望月さんも激高してしまい、工事担当者の野崎監督に電話を入れた。以下は電話の様子である。

望月　今、現場に来ているけど、野崎さんは地縄のとき以来一度も現場に来ていないようですね。それで監督としての仕事をしていることになるのか！

野崎　今のところはまだ現場の検査の工程になっておりませんので、先日ご紹介した徳池のほうで段取り、手配をしています。工事のほうは順調に進んでいるとの定期報告は毎日来ております。

望月　工事は順調に進んでいるのか知れないけど、職人が泥だらけの靴で道路を歩き回ってそのまま掃除もしないで帰って、ご近所に迷惑をかけているのはわかっているのか！

野崎　そのようなことはないと思います。徳池には現場を終了するときには道路清掃を必ずする

―第3部― 着工から完成まで 工事の不手際を見抜く技術

望月　よう指導しておりますから。その徳池さんだって現場には初日の1回しか来ておらず、その後は職人任せなんだよ！

野崎　今すぐ現場にいらっしゃい！

望月　今すぐと言われましても。

望月　わかった。こちらにも考えがあるから。

といって電話を切ってしまった。そして、もう一度お隣に出向きデジカメの写真をメールで送ってくれるようにお願いして帰途についた。仮住まいに戻るとちょうど息子の幸弘夫婦も遊びに来ていたので、現場での出来事を家族に話すと一同唖然。

幸弘　ひどい話じゃないか。信頼して契約したのに現場に入った途端に裏切るなんて。

望月妻　このまま野崎さんに任せておいたらどうなることか心配です。

幸弘妻　幸弘さん、例の専門家のお話をお父様にしてみなさいよ。

幸弘　松井ホームを信頼して契約したのだけれど、今回のことはモラルの問題で、これではまったく信頼できないよね。ましてやこれから現場が進んでいく中で、専門的なことはまったくチェックのしようがない。以前に本屋で住宅の本を買って読んだのだけれど、建築のプロの人が第三者としてハウスメーカーの仕事の検査をしてくれる仕組みがあるそうだよ。実は前から考えていたのだけれど、専門的なことはわれわれ素人でわからないから、一度その人に相談してみたらどうだろうか。

望月妻　お父さんそうしましょうよ。

望月　そうだね、その件は幸弘に頼んでいいかな。

幸弘　わかった、今日家に帰ったら申し込んでみる。それとお隣の方からデジカメのメールが届いたら僕のほうに転送しておいてね。

（解説）堪忍袋の緒が切れた望月さんはついに第三者のプロに依頼をすることになった。

③ 第3ステージ ホームインスペクターによる現場チェック――

すると早速問題点が……

ホームインスペクターに現状報告と相談

12月20日(日)

19日、家に帰ってから早速ホームインスペクターの西村にメールで面談の申し込みをした幸弘は、幸いなことに翌日に面談の約束ができた。

面談がスタートし、まずは幸弘から今までの経緯をホームインスペクターに説明した上で、今後どのようにしたらいいのか相談をした。

幸弘 契約のときにも配置の問題や金額の問題で食い違いはあったのですが、それでも営業の方が一生懸命にやってくれたので契約をしました。設計でも多少問題がありながらも、追加

西村 契約までは両親も松井ホームを信用してきました。しかし、先ほどお話ししたように現場に入ったとたんに裏切られたようで。

そうですね、多くの方はハウスメーカーを信頼して契約をするわけで、営業段階ではよほど変な営業マンに当たらない限りはどなたも信頼して契約をしますよね。

ただし、ハウスメーカーの仕事の進め方は、営業・設計・工事とそれぞれ仕事が進んでいく段階で担当者が変わり、引継ぎがうまくいかないことがあります。それと、実際に家を建てるのは、営業マンではなく職人たちです。その職人さんたちをコントロールするのが工事担当者の役目ですが、彼らは常時10件前後の現場を抱えているので、

― 第3部 ― 着工から完成まで　工事の不手際を見抜く技術

幸弘　ひとつの現場でクレームが発生すると、その現場にかかりきりになり、他の現場は下請け任せになってしまうといったこともあります。また、工事担当者にも優秀な人もいれば、できの悪い人もいますから、残念ながら望月邸はできの悪い人にあたったのかもしれません。

西村　これから竣工までの現場の検査をお願いしたいのですが…。もちろん相応の費用が必要なことはわかっております。

幸弘　わかりました。すでに現場も進んでいますし、竣工時期もかなり厳しい工期でやるわけですから、万が一竣工が遅れた場合のことも松井ホームと早急に取り決めを確認しておかないとなりません。望月さんには言いにくいですが、3月末の竣工は無理だと思います。

西村　なんとなくそんな感じはしていましたが…。ハウスメーカー側の都合で3月末売り上げを

目論んでおり、それに望月さんも乗っかってしまったのは仕方ありませんが、引渡し寸前になってもめる前に、今回の先方の不祥事を盾にとって工事遅延に関する取り決めをさせましょう。

幸弘　では、今後はどうしたらいいでしょうか。

西村　とにかくまず、松井ホームに第三者の検査を入れることを通知し、早急に営業・工事の担当者を交えて現場で協議をする申し入れをしてください。現場は日々進んでしまいますから、一日も早いほうがよろしいです。今すぐに電話で営業に申し入れをしましょうか。

望月　そうですね。善は急げですから。

西村　と言って、望月さんは営業の永田に電話を入れる。

望月　永田さん、昨日、私から野崎さんにクレームの電話を入れたんですが聞いていますか？

永田　申し訳ありません。野崎からはまだ何も聞いていないのですが…。

望月　そうですか。実は現場でとんでもないことをしてくれたので、ご近所に顔向けができない状態で、御社を信頼できなくなりました。なので、今後は第三者の建築のプロの方に現場をインスペクションしてもらうことにしました。ついては、早急に現場で永田さんと第三者のプロの方を交えて協議をしたいと思います。

永田　第三者の検査を入れることはまったく問題ありませんが、突然のお話で私ひとりの一存ではお答えできないので、塚本と野崎に相談して折り返しお電話いたします。ところで、第三者の方のお名前はうかがえますか？

望月　ホームインスペクターの西村先生です。先生は、今までに御社のインスペクションを何棟もなさっているそうです。

永田　わかりました。では、後ほどお電話を差し上げます。

ということで、望月さんは電話を切った。

望月　現場での協議のスケジュールはどうしましょうか？

西村　とにかく早い方がよろしいと思いますが、望月さんは時間をとることができますか？

望月　私と幸弘は仕事がありますので、平日だと、妻と幸弘の嫁が同席することになります。それでもいいでしょうか？

西村　望月家の意思の疎通が図れれば、それでもよろしいと思います。

幸弘　松井ホームから電話がありましたら、日程の調整はどうしましょうか？

西村　できれば、松井ホームと私の日程を優先して決めさせていただけないでしょうか。平日の場合は奥様方に同席していただくことで

―第3部― 着工から完成まで 工事の不手際を見抜く技術

よろしければ、松井ホームの担当者から私のほうへ直接電話をするようお話ししていただければと思います。日程が決まり次第望月様のほうへ連絡します。

望月　もっと早い段階からお願いすればよかったと後悔しております。今後ともよろしくお願いいたします。

西村　かしこまりました。

その晩、松井ホームから望月さんに電話が入り、第三者検査が入ることの了解と12月22日10時からの現場での打ち合わせが決定した。

杓子定規な答弁にホームインスペクター激怒

12月22日(火)9時30分

現場でのクレーム申し立ての日である。

出席者は、望月妻、幸弘妻、松井ホーム(塚本所長・永田・野崎)、ホームインスペクター西村の6名。

この日、西村は約束の時間よりわざと30分早く現場に着いた。まだそこには誰も来ていない。しっかりとした工事担当者なら約束の時間の30分前には現場に来て、現場の状況を把握し、何か問題がないかどうか事前チェックをするものであるが、野崎監督はのんきな性格らしい。約束通り10時には全員集合した。

望月妻　20日に主人から野崎さんにお電話を差し上げましたが、その後、何の誠意のある回答もございません。私たちは、お宅の会社を信頼してお願いしたのに裏切られた気持ちでいっぱいです。話したいことはたくさんありますが、まずは私たちでは専門的なことはわからないので、今後は第三者のプロの方に入っていただくことにしました。こちらが依頼をした西村さんです。

西村　早速ですが、松井ホームさんは現場のことは下請け任せなのでしょうか？

塚本　とんでもありません。当社としては望月邸の工事担当者として野崎に担当させ、管理させております。

西村　野崎さんは現場には今までに何回おいでになりましたか？

野崎　地縄確認のときに参りましたが…。

西村　1回だけ来て、十分な現場管理ができているとお考えですか？

野崎　今回は地下工事からスタートし、徳池専務、徳池工務店が担当しておりますが、徳池専務が現場代理人として管理体制を取っており、毎日定期報告を受けております。現場は今のところは順調に進んでおります。

西村　徳池さんは毎日現場においでになり職人に指示をしているのでしょうか？

野崎　毎日は来ていないと思いますが、節目には現場に来ていると思います。

西村　来ていると思いますとは、どういうことですか？　先ほどあなたは毎日定期報告を受けて

いると言いましたが、定期報告の内容はどういったことですか？

野崎　それはこちらサイドの社内連絡ですから、西村さんにお話しする必要はないと思いますが…。

西村　そうですか。ところで、仮設トイレはどうしたのですか？

野崎　申請が遅れてしまったものですから…。明日には設置できます。

西村　申請が遅れたのではなくて、申請を提出するのが遅れたのでしょ！

野崎　……（絶句）

西村　今まで職人たちはもよおしたらどうしたんですかね？

野崎　近くのコンビニか公園のトイレを利用していますが…。

西村　あなたは毎日現場にいなくても、職人がコンビニや公園のトイレを利用していることが見えるのですか？

塚本　西村さん、いったい何がおっしゃりたいのですか？

西村　わかりました。単刀直入に言いましょう。職人たちは、コンビニへも公園にも行かずに敷地内で小便をしているのですよ。

野崎　そんなことはないですよ。西村さんは毎日現場でそれを見ていたとでもいうのですか？

西村　私は、今日始めてこの現場に来ましたから、もちろん見ていませんよ。

野崎　だったら、そうおっしゃる根拠は何ですか？

西村　この写真を御覧なさい。これは、お隣の方が毎日のようにデジカメで撮影した写真です。職人は、敷地の中で何をしていますか？

野崎　……（絶句）

塚本　……（絶句）

西村　私は、今日9時30分に現場に来ました。道路を御覧なさい。汚れているでしょ。こちらの写真にも、職人たちが泥汚れの靴で道路を闊歩している写真がありますね。職人たちは、汚したままで帰ってしまうので、お隣の方が掃除をしているのですよ。なんだったら、お隣の方にお話を聞きますか？施主が現場に来るということであれば、私だったら最低でも30分前には現場に来て、問題はないかどうか確認しますよ。

野崎　……（絶句）

西村　塚本さん、どうやら野崎さんは工事担当者としてやるべきことをやっていないのではないですか？

塚本　何とも申し開きのしようがありません。望月さんが、野崎さんを信頼できなくなってしまったのは理解いただけますよね。

西村　はい。

塚本　望月さんは、まず工事担当者の交代、そして敷地内の土の入れ替えを希望しておりますが、これは当然のことと受け止めていただけますね。

西村　私の一存では決められませんので、上司に相

西村　談してからご回答いたします。具合が悪くなると上司とやらに相談ですか。では、今ここで電話で上司とやらに相談してください。

塚本　わかりました。私の責任で先ほどのご要望は承ります。

西村　永田さん、今の件を打ち合わせ記録に記載してください。

永田　かしこまりました。

塚本　あと、もうひとつ大事な点があります。

西村　どのようなことでしょうか。

塚本　工期の件ですが、12月22日の現在、地下室の掘削が終了した段階で、3月末に引渡しとのことですが、適正な工期で考えた場合、私は間に合わないと思います。

西村　工期につきましては、社内で十分検討しており、約束の期日には間に合わせます。工期を厳守するということですよね。

塚本　はい、その通りです。

西村　それでしたら、御社の契約約款に工事遅延損害金の項目がありますが、別途覚書を入れてください。内容は簡単で、乙の原因により引渡しが遅れた場合、甲が被る一切の費用を乙は負担する、といった内容です。工期を厳守していただけるのですから、この程度の覚書を追加で入れるのは問題ないですよね。それとも、やはり上司に相談ですか？

塚本　わかりました。覚書を作成し、提出いたします。

西村　望月さんから現場の検査依頼を受けておりますので、今後は検査の項目に関しては、後任の工事担当者の方を早急にお決めいただき、内容を協議するということでよろしいでしょうか。

塚本　了解いたしました。会社に戻りまして早急に本日の協議内容を担当部署と協議し、ご回答申し上げます。

西村　望月さん、以上でよろしいでしょうか？

望月妻　はい、結構です。

西村　永田さん、今日の打ち合わせ記録をいただけますか？

塚本　こちらが記録です。ご確認ください。

永田　よろしいと思います。

西村　望月様にはいろいろとご心配をおかけし申し訳ありませんでした。今後は二度とこのようなことにならないようがんばりますので、今後ともよろしくお願いいたします。では、これで失礼いたします。

ここで、松井ホームの3人は現場を後にした。

望月妻　今日は本当にありがとうございました。私たちの言いたいことをすべて代弁していただき感謝しております。

西村　こちらの言い分を誠意を持って答えてくれる様子ですからよかったです。次回の松井ホー
ムからの回答を待って協議をすることになりますが、今度はご主人と幸弘さんにも同席していただいたほうがよろしいでしょうね。

望月妻　かしこまりました。

その晩、塚本所長から西村に約束通り電話があり、こちらからの申し入れに対する松井ホームの回答と今後の体制について打ち合わせをしたいとのことで、26日10時から松井ホームで望月さんを交えて協議することとなった。

ただし、現場のほうは工期遵守の考えからそれまで工事を中断することなく進めたいとのことで、地下室の配筋まで進めてかまわないことを両者合意した。

（解説）今回のハウスメーカーの不祥事はあってはならないことだが、私の過去の検査経験で実際に何度かこのような状況があったのも事実である。

工事担当者を変更
配筋検査について打ち合わせ

12月26日(土)

今日は、22日にホームインスペクター・西村を交えた協議の際に施主側から申し出た内容を松井ホーム側から回答する日である。

出席者は、望月さんご一家、松井ホーム（塚本所長・永田・工事課長上原）、西村。

塚本　22日はありがとうございました。早速望月様の申し入れ内容を社に持ち帰って検討させていただき、本日はその回答を差し上げたいと思います。こちらが回答書です。

と言って、松井ホーム東京支店長名発行の回答書を配布する。

塚本　はじめに工事担当者ですが、野崎に代わりこにおります上原を工事担当として決めさせていただきました。上原は課長職で、基本的には現場を持っておりませんので、望月邸だけ専属で現場管理をさせることといたしました。

上原　はじめまして、上原と申します。以後現場を担当させていただきますのでよろしくお願いいたします。

望月　よろしくお願いいたします。

塚本　次に敷地内の土の入れ替えですが、こちらは現状の地盤面から1メートルの深さまでの土を入れ替えさせていただくということでよろしいでしょうか。

望月　西村さんいかがでしょうか。

西村　よろしいと思います。

塚本　工事遅延の覚書については、22日のお話の通り覚書を作成してまいりました。内容は〈建築請負契約約款第20条工事遅延損害金の補足事項として、乙が起因する工期の遅延につ

146

― 第3部 ― 着工から完成まで　工事の不手際を見抜く技術

　いては20条の遅延損害金に加え、甲が被る費用を乙が負担することとする〉といった内容です。いかがでしょうか。

望月　ありがとうございます。

西村　望月さん、内容はよろしいでしょうか。

望月　これでリセットできましたので、早速ですが今後の現場検査の項目等についてお話をしたいと思いますが、よろしいでしょうか。上原さん、年内の現場の予定はどうなっていますか？

上原　急なお話で申し訳ないのですが、できれば、明日の日曜日に地下耐圧盤の配筋の検査をお願いしたいのですが…。28日月曜日には耐圧盤の生コンクリートを打って養生をして、年末年始にかけて養生期間とさせていただければありがたいのですが…。

西村　確かにそのほうが養生期間が長く取れますから良いと思います。では、明日の10時に現場で検査ということでよろしいでしょうか。

上原　明日は天気のほうが予報では雨ですが、決行でよろしいですか？

望月　雨でも大丈夫ですか？

西村　生コンクリート打ちは雨では中止ですが、配筋検査は雨でもできますので大丈夫です。

幸弘　仮に検査の結果悪い箇所があった場合は、どうするのでしょうか？

西村　時間も押し迫っているときですから、その場で改善できるものはその場でしてもらいますが、時間がかかる場合は是正が完了した写真をこちらにメールで送信してもらい、確認することになります。

幸弘　疑うわけではありませんが、直す部分が全部完了しないうちにコンクリートを流し込んでしまったらどうするのでしょうか？

西村　是正の報告が確認できないうちに次の工程に進んだ場合は解体してもらいますからご心配なく。そうですよね、上原さん。

上原　それで構いません。

塚本　それでは、明日はお休みの日ですがよろしくお願いします。今後は上原をはじめとして今までのような不祥事がないように心して取り掛かりますので、望月様にはどうかよろしくお願いいたします。

永田　こちらが本日の打ち合わせ記録ですのでご確認ください。

西村　こちらが言う前にきちんと打ち合わせ記録をとるようになったのは、当たり前のことですが取り組み姿勢が変わったと評価したいですね。

望月　ありがとうございます。今後ともよろしくお願いいたします。

（解説）住宅の新築というものは施主側にとっても一大事業で、素人ではわからないことだらけである。したがって、信頼をしてハウスメーカーに依頼をするわけだが、ひとたびその信頼が損なわれると元に戻すには大変な労力と時間がかかる。

このようなことにならないように、施主としては契約をする前は立場が強いので、その段階でハウスメーカーから提出される図面や書類は十分に目を通し、わからないことは何度でも質問して納得をしておくことが重要である。相手はプロだから言わなくてもわかっているだろうという考えは間違いである。

また、信頼できる担当者だから、ハウスメーカーだからといって任せきりというのは、施主としての権利・義務を全うしないことになる。故意に間違いを起こすようなことがなくても、人間のやることだからミスは付き物である。そのミスを最小限にすることは、施主側にも責任の一端があるといえるのではないだろうか。

148

4 第4ステージ 引渡しとアフターメンテナンス――
最後にチェックしておくべきこと

約款にガイドラインが規定されているが、契約前に具体的な数字を決めておくと安心だ。通常は工事費の0.05％程度だが、仮住まいの延長や改めての引っ越しなど、損害が多くなりそうな場合にはその額で交渉するといいだろう。

竣工検査から引き渡しまで
竣工検査で特に見るべきところ

建物が完成したら、竣工検査を行う。竣工検査とは、家が設計図面通りにできているかどうか、あらゆる箇所を調べる検査である。ハウスメーカーの担当者が調べた後に施主自らも検査を行うので、別名「施主検査」とも言われる。

この時点では足場や養生も取り払われているので、初めて外観から家の中まですべてをチェックできる。

水廻りの検査は特に重要
第三者チェックのポイントについて

請負契約書に明記すべきこと

トラブル回避のために請負契約書に明記すべきこと

結局、望月邸は工期が遅れ、メーカーは履行遅延違約金を払った。工事自体はホームインスペクターが要所要所でチェックして指示を出し、メーカー側も誠意ある対応を取ったため、その後はこれといったトラブルもなく竣工を迎えた。

望月邸のようなケースもあるので、請負契約書にはきちんと工期・着工と完成日日と履行遅延違約金を明記してもらうことを忘れないようにしておこう。これは意外に記載漏れが多いが、工期が口約束のために後日もめるケースも少なくない。履行遅延違約金は契約

149

まず、家に入る前に建物を一周して、未完了の箇所はないか、外の材料や設備に傷がついていないかなどを見ていこう。機器の表面塗装が傷ついて金属部分が見えていると、早い段階でサビが発生するので要注意だ。また、外壁材に大きな傷やおかしな箇所がないかもしっかりとチェックしておこう。評価のところにも書いたが、検査の際に積水ハウスのダインコンクリートの表面が剥がれてしまったという事例もあった。

内部の検査では、多くの施主が「わが家が出来上がった！」という喜びのあまり、気分がウキウキして、汚れや傷の指摘だけで済ませてしまいがち。しかし、取りつけられたままハウスメーカーも機能性や不具合を確認していない箇所もあるかもしれない。竣工検査では、ドアの開閉といった通常の使い勝手を試すほか、多少無理なことをしたり、負荷をかけて点検したほうがいい箇所もある。以下のような点をぜひ確認しておこう。

◆ 壁と床

壁については素手で壁を上下左右にこすって、凸凹がないかを確かめる。床や階段はふだんより強めに体重をかけながらくまなく歩き、軋み音(きしみおと)がしないかどうかチェックする。

◆ ドアとサッシ

まずは開け閉めを試して傷や隙間を調べ、鍵のついているものはきちんと施錠できるかどうか、実際にやってみる。

◆ つくりつけ家具や収納庫

キッチンの収納部分やつくりつけの家具など、やはり開け閉めの必要なものはすべて試して確認しよう。

◆ 電気設備

ハウスメーカーの社内検査時に通電試験が行われているはずだが、この試験が漏れている場合もあるので、携帯電話の充電器などを持参して、実際に電気が通っているかどうか確かめてみよう。照明器具のON/OFFも確認しておく。スイッチ

150

― 第3部 ― 着工から完成まで 工事の不手際を見抜く技術

やコンセントプレートが曲がって取りつけられている例も多いので、これもしっかり検査して、曲がっていたらやり直してもらおう。

◆ 住宅設備機器のアクセサリー

住宅設備機器のアクセサリーとは、トイレットペーパーを入れる紙巻器やタオルハンガー、それに手すりなどのこと。これらもしっかり固定されているかどうかチェックしよう。

水廻りのチェックは特に重要

水廻り検査のポイント

竣工後で特に多いのが、水廻りのトラブル。竣工検査の際には次のような試験をして、しっかりとチェックしてみよう。

◆ 風呂とキッチン

バスタブやキッチンのシンク、洗面台では、満水試験を行う。そこに入るだけたくさん水を貯めて、1時間後ぐらいに水の減り具合を見る。もし溜めた時より喫水線（水位）が下がっていたら、水が漏れている証拠だ。水漏れの原因で一番多いのは、排水口のゴム栓の不具合。水漏れを確認したら専門業者に見てもらう。

◆ 排水

排水には汚水、雑排水、雨水がある。汚水と雑排水は、建物の内部から外に排水管を通して下水本管へと流していく。敷地内を通す排水管の距離が長く、道路と敷地の高低差がほとんどない場合、排水管の勾配がゆるくなる可能性があるので、その点を確認しよう。トイレについては、ティッシュペーパーを少し多めに流し、最終桝（ます）まできちんと流れるかどうかを点検する。

これだけは専門業者に頼み、検査報告書も必ず提出してもらおう

竣工検査には項目がたくさんあるが、自分で直接確かめられるものも多い。しかし、なかには専門業者で

ないと検査できないものもある。たとえば「給水管の加圧試験」、「給湯器能力試験」、「全館空調風量試験」などだ。

ハウスメーカーがこれらの試験を専門業者に依頼したかどうかを確認し、依頼していない場合はメーカーに改めて検査を要求しよう。後に不具合が出た時に必要になるので、これらの検査報告書も必ず提出してもらったほうがいい。

さて、竣工検査が終わると、ハウスメーカーから施主へ建物が引渡される。引渡しの際は、次のような書類がすべて揃っているかよく確かめよう。

引渡し時に受け取る書類は？できればもらっておきたいもの

建築確認通知副本
（建築確認通知を受けた書類と図面。将来にわたって保管する書類）

建物引き渡し証

完了検査済証
（完了検査の合格通知証で、将来にわたり保管する書類）

登記に必要な書類一式
（ハウスメーカーの資格証明、印鑑証明など）

10年保証書
（ハウスメーカーの保証書）

アフターサービス基準書

鍵番号

機器取扱い説明書
（設置している機器メーカーの取扱い説明書）

また、これらの書類のほか、できればもらっておきたいものを以下にあげる。

緊急時連絡先一覧表
（引き渡し後のトラブル発生時の24時間連絡先。ハウスメーカーを通じて連絡するより工事を担当した業者に直接連絡したほうが早いので、それを聞いておく）

― 第3部 ―　着工から完成まで　工事の不手際を見抜く技術

竣工図一式
工事検査記録

引き継ぎは図面を渡すだけ ハウスメーカーのアフターメンテナンス事情

引渡しから3カ月が経過すると、ハウスメーカーの担当者は工事担当者からアフターメンテナンス担当の社員に移る。

しかし、工事担当者からアフターメンテナンスの人間へバトンタッチする時、営業マンから工事担当者へ変わった時のような「引き継ぎ」は行われない。工事担当者は、ただ図面をアフターメンテナンスの担当に渡すだけである。

しかも、この図面は最初のもの。家づくりの現場は、多かれ少なかれ工事の途中に現場で変更が出るが、その変更部分を赤で書き加えただけの設計図がアフターメンテナンスの担当者に渡るのだ。本来なら変更後の竣工図をつくらなければならないのに、それもつくっていないところが多い。だから、引渡しの時に竣工図一式を請求したほうがいい。

営業主体のハウスメーカーにとっては、引渡した時点で仕事が終わった感覚なのだろう。しかし、施主にとってはこれからが本当の始まりだ。住んでみないとわからない不具合を直したり、より住み心地のいい家にしていくために改築する場合に、竣工図は絶対に必要となるのである。

写真とメモで家づくりやメンテナンスの記録を残そう

アフターメンテナンスの定期点検日や回数はメーカーによって異なるが、3カ月目、6カ月目、12カ月目、24カ月目と、2年間にわたって4回行うのが一般的だ。

「保証期間は10年あるのに、定期点検するのは2年間だけ？」

と思った人がいるかもしれない。確かに建築基準法で「10年間保証」と決まっているし、引渡しの時にも「10年保証書」が渡されるので定期点検も10年と誤解している人が多いが、実は10年間保証されるのは、構

造体と雨漏りだけだ。それ以外の保証は1年、最長で2年。もし2年と数カ月目に建具が曲がったら、自己負担で直すしかないのだ。

さらに、10年間の保証期間が過ぎると、ハウスメーカーに保管されていた図面などもすべて処分されてしまうので、その前に、工事担当者が持っている製本された図面のカラーコピーをもらっておきたい。このぐらいの要求は、施主の当然の権利だ。

このように、アフターメンテナンスに関しても、ハウスメーカーが積極的にやってくれるわけではないので、住む側がしっかり観察して、記録をとっておかなければならない。

竣工検査の時点ではガスがまだ来ていないので、ガスを使う人はまずチェックをしておきたい。調理台や給湯にガスを使う家では、新居に引っ越したらすぐにガス台の火がつくか、お湯が出るかを確認する。

また、これまでの打ち合わせや工事現場でとったメモ類もすべて残しておくほうがいい。「何か不明な点があったら工事担当者に確認すればいいや」と思っていると、人事異動で別の営業所に行ってしまうかもしれないからだ。

また、やはり雨漏りトラブルは最も多いので、それに対する点検はこまめにしておきたい。

昔の家にはボードが貼ってなかったので、大雨が降ると一気にぼたぼたと雨漏りしたものだが、今はボードが貼ってあるので、屋根から漏った雨は、まず内側に浸透し、やがて限界を超えると壁や天井から漏れてくる。気づくのが遅れると被害が広い範囲に及び、原因となる箇所を突きとめるのもむずかしくなってしまう。梅雨時や台風シーズンには、念入りに壁や天井を点検しておきたい。

問題ゼロの現場は1割程度
不安な人はプロの第三者チェックを頼もう

ここまで、「家づくりで後悔しないためのチェックポイント」を述べてきた。「よし、これなら自分でもできそうだ」と感じた人がどれくらいいるだろうか。私自身は家づくりで長年メシを食ってきたプロなので、

154

素人の方々がどれくらいのことまで理解して実践できるのかという点について、当初は正直言ってよくわからなかった。「家づくりのチェックはあなたにだってできる」と言ってみても、大半の人たちは不安が先に立つようだ。

私にインスペクション（第三者チェック）を依頼していただいた方々の中には、家づくりに関してまるっきり知識のない方々もいたが、なかにはほとんどセミプロといってもいいくらいのレベルの方もいた。そういう方であってもやはり、家づくりというのは不安に満ちたものであるらしい。いや、むしろそういう方のほうが「家づくり」という多岐にわたる作業の複雑さを理解しているから、余計に慎重に事を運ぼうと思うものらしい。

「パソコンを買う」とか「車を買う」のと違って「家を建てる」というのは、一生に一度あるかないかのこと。家づくりについて勉強してみる機会などないのが普通で、必然的に素人とプロの差は激しくなり、「素人にはわからない」ことばかりになるのは仕方がないことである。

本来ならば、だからこそ家づくりのプロであるハウスメーカーなり工務店なりがしっかりと責任をもって仕事を請け負わなければならないはずなのだ。だが、現実はその逆で、「どうせ素人にはわからないのだから、多少の不具合があっても適当にごまかせばいい」という風潮がまかりとおっているような気がしてならない。

これは、インスペクションに長年携わってきた私の実感である。もちろん、全部が全部そういう現場ではないし、感心するほどしっかりした現場もある。だが、みなさんがそういうまったく何の問題も起こらない現場に当たる確率は、1割程度しかないといっていいだろう。

だから、チェックは絶対に必要である。この本で述べてきたようなことを行う自信のない方は、プロに頼っていただくのが賢明である。

こんなところには第三者チェックを依頼してはいけない

ただし、プロの第三者チェックを依頼する場合に、注意してもらいたい点がある。

ひとつは、「できるだけ早い段階から依頼すること」だ。なぜなら、契約をしてしまってからでは、それが杜撰（ずさん）なメーカーであっても契約時にかなりの支払いが生じているため、途中解約がしにくい。また、契約後ではさまざまな変更も、追加費用がかかってしまう。

もうひとつは、「依頼するプロの選択を誤らない」ことだ。インターネット検索をしてもらえばわかるが、「ホームインスペクション」とか「住宅検査（診断）」といったキーワードを入れると、かなりの数の会社や機関が出てくる。その良し悪しの見分け方は、簡単に言えば最低でも着工時からきちんと面倒を見てくれるところ。もっと言えば契約前の図面のチェックや見積りのチェックまでしてくれるところ。そういう依頼先を選択したい。最悪なのは、基礎工事や建て方工事には一切立ち会わず、完成間際になって見に来て、「あそこに傷がある」「ここをやり直しさせましょう」などとクレームに近いようなことを言ってハウスメーカーに値引き交渉するようなところ。こういうところは絶対に避けてほしい。この本を読んでいただいたみなさんならおわかりのことと思うが、そんな検査では構造や防水などに関する致命的な不具合は何ひとつ発見できない。さらに言えば、仮にこの段階で何か致命的なことが判明したとしても、建て直す以外に根本的な治療はできない。せいぜい補修や補強でごまかすことになってしまうのだ。

特に防水（雨漏り）に関しては、建ててから数年後でないと問題が発生しないケースが多い。事前に気づき、防ぐには建て方工事のチェックをする以外にない。だからこそ、間違っても肝心な検査に立ち会ってくれないようなところへの依頼はしないでほしい。

もし依頼先に迷うようなら、私のホームページ『住まいと土地の総合相談センター』（http://www.e-home-inspector.com/）を見ていただいた上でご相談いただければと思う。

― 第4部 ―

ホームインスペクターが見抜いた現場

ホームインスペクター・市村が実際に見た建築現場のトラブル事例を紹介！

現場での検査の不具合は、施主にとっては専門的なことが多く、何が正しいのかわからないということがほとんどである。第2部で解説したように、契約前から相談に来られる方には節目ごとにアドバイスを差し上げているが、着工してから相談に来られる方には現場でトラブルが発生して駆け込んでくるケースも多く、なかには、にわかに信じられないような事例もある。

そこで、ここからは今までに私のところに相談に来た個々の事例を取り上げていくことにする。素人である施主が疑問に思ったことにハウスメーカーの担当者がどのように対応し、その対応が正しかったのかどうかも参考になればと思う。

【地縄編1】Mさんの場合
土台が地盤より低くなってしまった？

2008年3月某日、「すでに竣工して引き渡しを受ける前の状態ですが、建物の土台が庭よりも低くなっているのです！」との電話を受けた。

初めは言っていることの意味を理解できなかった。「とにかく現場を見ないと現状がわからない」ということで、数日後に現場へ出向きMさんとお会いすることにした。

現場に着いてまず目に飛び込んできたのは、完成したきれいな洋館。だが、道路側を除く隣地境界側の地盤が基礎より高い位置になっており、建物周囲の地盤が幅約40センチ程度掘り下げた状態になっている。調べた結果、建て替える前の建物は道路より50～70センチ地盤が高かった敷地に建っていたが、今回新築した家は道路から25センチ高い所を地盤と決めて着工してしまったため、このような事態になったことが判明した。

なぜこのようになったのか。

既存の建物の解体工事は、施主が解体業者に直接依頼し行った。解体業者は、建物を解体した際に基礎を根こそぎ解体し、既存建物が建っていた部分の地盤が下がってしまったままで工事を完了させた。

一方、ハウスメーカーの工事担当者は、地縄立会いの際に下がってしまった地盤を新しく建てる建物の地盤として設定してしまった。その際に施主には後述する

―第4部― ホームインスペクターが見抜いた現場

ようなことを十分説明せずに、「元の地盤で建築すると、盛り土が必要になる。また、基礎も深基礎になり、両方の追加費用で500万円の費用が発生する」との説明をしたようである。

施主としては、追加で500万円もの費用が発生するのは抵抗があり、ハウスメーカーの言う通りに建築したときの問題点を確認し、その上でどうするか決めるつもりだった。だが、工事担当者からは「特に大きな問題はない」とのことで了解をしたようである。

工事担当者の十分な説明がなかったために、素人である施主は敷地と建物の関係が理解できないまま竣工を迎え、予想を超えた状況になり、問題となったのである。

工事担当者が初めに図のような簡単なスケッチを描いて説明をしておきさえすれば、素人である施主にも伝わったはずなのに、十分な説明責任を果たさなかったという点で工事担当者の責任は重い。

施主は、ハウスメーカーに対して、建物を取り壊し、元の地盤に作り替えてほしいとの要望を出した。これ

（図の説明）斜線の部分が解体工事で低くなった部分。この低くなった部分を地盤面と決めて工事したために、1階の床が周りの敷地より低くなってしまった。

159

に対してハウスメーカーは、取り壊すことについては拒否し、担当者の説明不足を認めて迷惑料を提示した。だが、施主は納得せず、現在まだ協議中である。

工事担当者は「盛り土と深基礎の工事費で５００万円の追加が発生する」と言ったらしいが、私が概算で算出したところ、実際は１５０万円前後であり、金額の差異が大きすぎる。施主は、当初追加金額を１５０万円と聞いていれば、盛り土と深基礎でお願いしただろう。したがって、私は、隣地境界線に土留め擁壁を築造し、敷地全体を低くなったレベルまで鋤き取り、庭木なども元のように新しく植え替えることをハウスメーカーの負担で行ってもらうこと、そして、迷惑料の金額を協議することを提案した。

楽しいはずの家づくりが一転して不幸な事態になってしまった事例である。

【地縄編２】Oさんの場合
隣の敷地に軒が出てしまう？

２００６年８月某日、「基礎が完成したけれど、基礎の表面に小さい穴がいっぱいあり、心配なので現場を見てほしい」と相談があった。

早速、現場に足を運び、Oさんと待ち合わせて基礎の出来具合を確認した。

確かに小さい穴がたくさんあったが、打音検査の結果では「ジャンカ」と呼ばれる大きな空洞は認められなかった。しかし、アンカーボルトの芯ずれが結構あったので、ハウスメーカーの工事担当者にそれを指摘した。

その後、一通り基礎を検査し、改めて配置図面を見直したところ、北側の配置寸法が図面と違うように見えたので、配置の確認をすることとなった。

ここでビックリ！　配置が間違っていたのだ。

建設地は、分譲地の角地で、図（上が北方向）のように道路側の境界杭がかなりある。図の①の線の境界が、本来の隣地との境界杭なのだが、下請け業者は②の線

― 第4部 ― ホームインスペクターが見抜いた現場

を境界と間違えて配置をしてしまった。ところが、北側に接する土地は更地のため所有者から間違いの指摘があるわけでもなく、工事担当者も十分な確認をしないままに工事を進めてしまった。

このまま工事を進めていたら、上棟の段階で軒先が隣地に出てしまう。また、北側斜線制限もアウトになり、とんでもないことになってしまう。おそらくお隣が建築を始めるまで、誰も気がつかないでいたことだろう。

Oさんは、地縄確認の時に自分では気がつかなかったと反省しているが、素人であるOさんはプロが決めた配置に疑うこともなく、気がつかないのは当然である。

結局、(当たり前のことだが)すべてハウスメーカーの負担でやり替え、また、引渡し期日が遅れるペナルティーも請求したのは言うまでもない。

配置が間違っている！

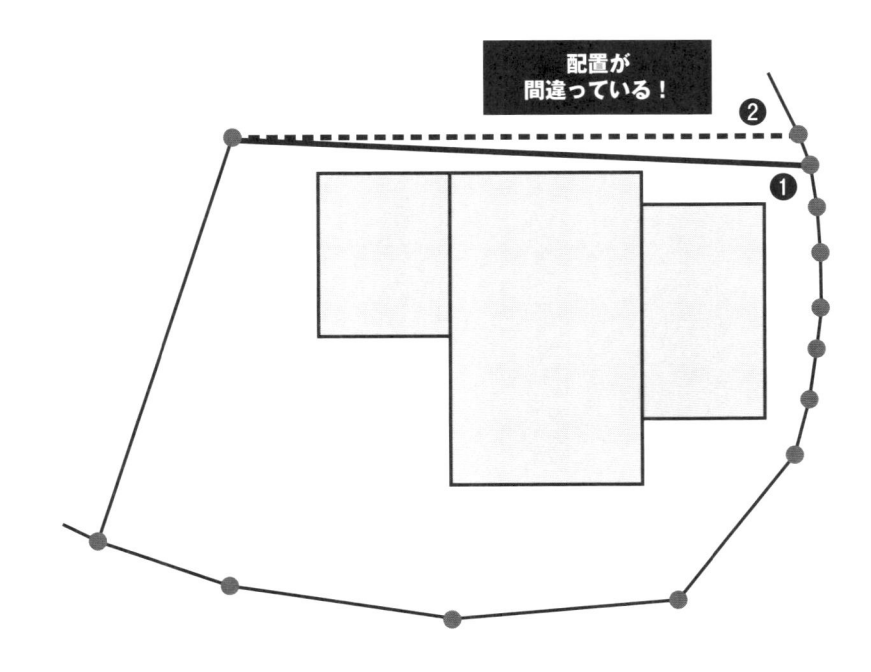

【基礎編1】Aさんの場合
基礎を全部やり替えることになる？

2008年8月某日、「基礎が完成したのですが、ハウスメーカーの工事担当者は地縄確認でお会いしたきりで、工事中に一度も現場へ来ておらず、工事がきちんと実施されたかどうか不安なので、一度現場を見てほしい」と、大きな手下げ袋にいっぱいの資料を持参してAさんの奥様が来訪された。ご主人が単身赴任で、普段は現場に出向くことができないので、奥様が毎日朝から夕方まで現場で写真を撮り続けたとのことで、相当な枚数の写真を拝見した。

事前に拙著を読んでいただいていて、基礎工事の問題点となるであろう部分の写真を撮り続けたご様子。配筋の状況・生コンクリート打ちの状況などの写真を見ながら問題点を確認した。中でも感心したのは、ミキサー車の納品伝票をすべて写真撮影していたこと。結果的には、この写真が後々ものすごい威力を発揮することになった。

さて、写真の中で問題となった点は、

① 鉄筋が曲がったままで生コンクリートを流し込んでしまった。この結果、鉄筋のかぶり厚さ（鉄筋を覆うコンクリートの厚さ）が確保できないといった致命的な欠陥が起きる。

② 生コンクリートを流し込む際、バキュームの先端の高さが高すぎ、高い位置から生コンクリートを落とし込んでいる。

③ 生コンクリートは、プラントメーカーを出発してからこの時間（外気温度が20度を超える時期）は90分以内に生コンクリートの流し込みを完了させなければならないが、90分を超過している。

A夫人は、その場でご主人に電話をし、今後どうするかについて相談した。ご主人としては、「そのような問題があるのなら解体してやり替えてもらう」という結論。「明日にでもハウスメーカーに申し入れをし、一度現場で協議をするので私に同席してほしい」と依頼があった。

配車	車番	出荷時間(a)	現場到着時間	打ち込み完了時間(b)	b-a(分)	90分判定	㎥	累積
1	20	7:58	8:32	8:57	59	OK	3.75	3.75
2	15	8:05	8:32	9:20	75	OK	3.75	7.5
3	19	8:19	8:46	9:45	86	OK	3.75	11.25
4	35	8:33	9:06	10:00	87	OK	2	13.25
5	21	8:44	9:08	10:35	111	NG	3.75	17.00
6	14	9:03	9:25	10:50	107	NG	3.75	20.75
7	15	9:45	10:17	11:20	95	NG	3.5	24.25

私からは、「ハウスメーカーに申し入れをする際に、前記①②は伝えて構わないが③についてはとりあえず伏せておくように」とお願いした。これについては、「今後の交渉の過程でハウスメーカーが『①②については問題ない』との見解を出してくる可能性もある、その時にジョーカーとして③の問題を指摘したい」との私の意向を話し、理解していただいた。

表は、生コンクリートの打設の時間管理票である。この表を見てもわかるように、ミキサー車の5台目

からは打ち込み完了時間までの時間が90分を超過しており、建築学会のコンクリート標準仕様に適合しない。後日、現場でAさんご夫婦とハウスメーカーの協議に立ち会った。

Aさん　この写真にあるように、先日お伝えした①②は施工方法としては適切ではなく、施工ミスと考えられます。こちらとしては基礎を壊してやり替えていただきたい。

メーカー　確かに写真を見る限りでは多少問題な部分もありますが、安全率を見込んでおりますので、構造上は問題はないと判断しております。

Aさん　多少問題はあるが問題ないというのは理屈に合わないでしょう。安全率を見込んでいるということですが、論理的な回答になっていませんよね。

メーカー　構造計算上は建築基準法に準拠して安全率を考慮して設計していますので、現場での多少の施工不備を考慮しても構造耐力は問題ないと

いうことです。

Aさん 施工のミスは認めないということですか？

メーカー 施工ミスとは判断しておりません。

Aさん 市村さん、プロの第三者としての意見をお聞かせいただけますか？

市村 確かに構造計算上は安全率を見込んで設計していることと思います。しかし、先ほど建築基準法に準拠しているとおっしゃっていましたが、施工に関しては建築学会標準仕様書に準拠していますか？

メーカー もちろん建築学会標準仕様書に準拠して工事をしております。

市村 そうですか、では、学会の標準仕様書では外気温度が20度を超える時に、生コンクリートの打ち込み完了までの時間は何分で決めておりますか？

メーカー 90分です。

市村 90分ですよね。90分を超過した場合は、その場でストップしないといけないと思いますが、

時間管理はしておりますか？

メーカー 担当者は当然しているはずです。

Aさん 工事担当者は、生コンクリート打ちの時に現場に来ていませんけど。

メーカー では、元請けである工事担当者が不在でも下請けの監督が立ち会っております。

市村 下請けの担当者が管理しているから問題ないと主張されますか？

メーカー ……。

市村 仮に90分を超過していた場合は不適切な施工と言えますか？

メーカー そのように考えます。

市村 下請けの監督からは時間の管理票は提出されていますか？

メーカー 本日現在では確認できていませんが…。

市村 随分と無責任ですね。

メーカー 後日管理票を確認してご報告いたします。

市村 その必要はありません。私のほうで作成してきましたから。

と言って、Aさんが撮影した納品伝票の写真と前述の時間管理票を差し出した。

市村　この写真と表を見れば明らかに学会の仕様書に抵触していますよね。それと、コンクリートの打ち上がり状況を確認しましたが、ひび割れが数十カ所もあります。これでは、構造上安全な基礎と判断できないというAさんの主張は正しいのではないですか？

以上が、現場でのやり取りの一部であるが、問題の大きさからその場では結論が出ず、その後に役員レベルとの協議となり、結局は基礎を壊して原状回復し、白紙解約となった。

この事例の場合、奥様が毎日現場に出向いて克明に写真を撮影していたおかげでハウスメーカーに非を認めさせることができたわけである。

【基礎編2】Kさんの場合
アンカーボルトが傾いたおかげで！

Kさんの場合は、設計段階から相談に来ており、現場検査の依頼も着工時からスタートした。

Kさんから生コンクリート打ちの立会い依頼はなかったので、配筋検査の次は基礎完了検査を実施した。

問題はこの時に発覚した。

基礎天端のレベル誤差、基礎形状の施工、アンカーボルトの位置や芯ずれはなく、合格のレベルだった。だが、基礎立ち上がりの検査の時に、アンカーボルトが少し傾いている箇所があり、気になったのでその部分の打音検査をしたところ、音に異常を感じた。小さな気泡の部分を金槌で叩いたところ、表面のコンクリートが剥がれ、アンカーボルトが見えてしまった。立ち上がり生コンクリートを流し込む際に、バイブレーターがアンカーボルトに接触し、アンカーボルトが傾いてしまったことによる不具合である。

結局、写真のようにこの部分を解体し、打ち直しをさせることとなった。

②気泡の部分を針金でほじってみたところ　　①問題となった表面の気泡

④解体したところ　　③アンカーボルトが出てきたところ

　Kさんの場合は、立ち上がりの生コンクリート打ち立ち会いの依頼がなかったので、基礎完了検査時点で不具合箇所を指摘することになってしまった。
　この現場も、ハウスメーカーの工事担当者は生コンクリート打ちに立ち会っていなかった。

⑤是正後の完了写真

―第4部― ホームインスペクターが見抜いた現場

【上棟編】木造軸組工法／Yさんの場合
柱の木材が図面と違う?

2004年7月某日、「上棟打ち合わせをしたが、素人目にも釘の打ち方が悪かったり、柱の接合部に隙間があるようで、できたら一度現場を見てほしい」と、Yさんが相談に来られた。

このハウスメーカーはすでに事業を撤退し、現在は存在しないが、撤退するまでは高額の住宅を建築していた中堅の軸組工法のハウスメーカーである。

後日、検査のためにYさんと吉祥寺の駅で待ち合わせをして、現場まで歩きながら今までの経緯をうかがった。

当初は数社のハウスメーカーと比較検討したが、デザインが気に入ったことと、柱の材料が標準では栂(つが)の集成材だが、コストアップなしで檜(ひのき)の集成材にグレードアップするということでこのメーカーに決めたそうだ。

さて、着いた現場は上棟完了時点で、サッシもすべて取り付け完了していた。

早速、外部の足場から検査を始めようとしたが、柱の樹種がどうも違うようだった。Yさんが持参した設計図の仕様書には〈檜集成〉と明記してあったが、柱は檜集成ではなく栂の集成材だった。その場で工事担当者に確認したところ、担当者の顔は見る見る間に真っ青となり慌てた様子。「しばらくお待ちください」と言って、携帯電話でどうやら会社の人とやり取りをしているようだった。電話を切ってから「誠に申し訳ありません。図面と違う柱材を納入したようです」と謝罪した。

Yさんは二人のやり取りを聞いて、にわかには信じられないといったご様子。事の重大さからどうするかの回答も出ないようだったので、とりあえず会社として早急に回答をするよう申し入れをして現場を後にした。

帰る途上でYさんから、「こんなことってよくあるんですか?」と、尋ねられた。「残念ながら年間にこのような間違いは数件あります」と答えると、「これからどうなるんでしょうか?」と不安なご様子。「とにかくハウ

スメーカーの回答を待ちましょう」ということでご理解いただいた。

翌日にYさんから、「ハウスメーカーの上層部の人が、謝罪と今後の対応についてお伺いしたいと言っている」というメールが入った。Yさんとしては私にも同席してほしいとの意向で、数日後に現場でお会いすることになった。

以下はその時のやり取りである。

メーカー　このたびはとんでもない間違いを起こし誠に申し訳ありません。なぜこのようなことになったのか現在調査中ですが、いずれにしても図面と違うわけですから、早急に解体をして本来の正しい仕様にやり替えさせていただきます。

Yさん　お宅を信頼してお願いしたのに裏切られたようで残念です。

メーカー　なんともお恥ずかしい次第で申し訳ありません。

Yさん　具体的には今後どうなるのですか？

メーカー　柱の材料が違いますので、本来の檜集成材にします。そのためには基礎を残してすべて解体しやり替えさせていただきます。

市村　やり替えに際し、構造部材はもちろんのことサッシをはじめ現在までに現場で使用されている資材すべて新規納入でいいですね。

メーカー　了解いたしました。

Yさん　そうなると完成がかなり遅れると思いますが、どのくらい遅れることになるのですか？

メーカー　正確には担当部署に確認しないとなりませんが、おおよその期間でいえば1カ月は最低必要と思います。

Yさん　契約時の引き渡しは9月20日でしたが10月20日以降になるということですか？

メーカー　9月20日は難しいと思います。

Yさん　それは困ります。私の方は現在住んでいるマンションを売却し、買主には9月30日に引き渡すことになっており、買主に違約金を請求されてしまいますよ。

168

メーカー　今回の不祥事は全てこちらの責任ですから、9月20日以降の仮住まいは当社でご用意させていただき、一時的にお住まいいただくということでお願いできないでしょうか。

Yさん　引っ越しを2回しろ！と。

メーカー　引っ越しに関しましては、家財道具等は一時倉庫に保管して、最低限生活に必要なものだけ仮住まいでご使用いただくようにしていただければと思います。いずれにしても今後の予定が具体的にわかりました段階でもう一度協議させてください。

Yさんにとっては青天の霹靂（へきれき）であるが、その後の解体後のやり替え工事に関して現場検査を実施したが、工事そのものは問題もなく完了した。

設計の段階でのたった一言の記入ミスでとんでもないことになった事例だが、事の大小はあれ、こういうことは結構多いことを付け加えておこう。

【上棟編2】木造枠組壁工法／Nさんの場合
梅雨時の建て方工事に注意

日本の気象条件の特徴は、梅雨・台風といった長雨を伴う季節があることである。

木造系の場合、この時期に建て方工事をすれば構造材は当然雨の影響で濡れてしまう。もちろん養生を完全にすれば濡れることはないが、技術的にもコスト面からも完全な雨養生は不可能に近い。

そこで雨に濡れた場合は、建物の良否に影響を及ぼすことになるので、その後の措置が重要になる。

ここでは建て方工事がちょうど梅雨時になってしまったNさんのケースを取り上げる。

Nさんの家は木造枠組壁工法（ツーバイフォー）の3階建である。建て方工事の方法として、工場で壁・床パネルを製作して現場でパネルを組み立てる方法があり、この場合は上棟するまで規模にもよるが数日で完了するので、天候の影響を受けにくい。

ただし、道路が狭いとか敷地に極端な高低差があるような場合、パネル建て方工事はできないこととなる。

Nさんの現場はまさしくパネル建て方工事ができない敷地条件で、フレーマー大工が工場でプレカットされた構造材を1階ごとに作り上げていくので、上棟するまでに3週間ほどかかってしまい、その間に梅雨の雨の影響を受けてしまった。

特に床や壁の構造用合板はひとたび水分に浸ると乾燥するまでに相当期間を要することになる。

ここで2枚の写真を見ていただこう。①の写真は床合板の水分量を含水率計で計測した写真だが、42％と基準を超える水分量となっている。

合板の水分量はおおむね15％未満であるから、かなりの水を吸ってしまったことになる。このまま床仕上げ材のフローリングを施工してしまうと、合板に含まれた水分の逃げ場がなくなり、長い時間をかけてフローリングに水分が吸収されることになり、フローリングの反りやカビの発生の危険性が生じる。

②の写真は壁合板であるが、こちらも32％とかなり高い水分量である。

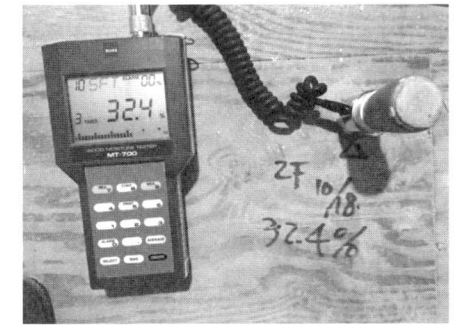

② 壁合板・水分量32％オーバー　　① 床合板・水分量42％オーバー

このような場合は必ず乾燥期間を設けて十分乾燥したことを確認してから次の工程に移らなければならない。

【防水工事編】木造軸組工法／Uさんの場合
引き渡し前の建売住宅で雨漏りを発見！

2008年3月某日、「新築の建売住宅を購入し、まもなく引き渡しを受ける時期に雨が漏ってしまったので、現場を一度見てほしい」とUさんから相談があった。

私は、原則として工事中の各工程を自分で検査する場合以外は検査をお断りしている。その理由は、完成現場を検査しても目視でしか判断できず、仮に瑕疵があっても見抜けないからである。Uさんにもその旨お伝えし、お断りしたのだが、「すでに雨が漏っている現状を見ることができるので、ぜひお願いします」ということで現場を見ることになった。

東京・城南地区の地下1階・地上2階建ての新築建売住宅で、いわゆるデザイナーズハウスを売りにしている業者の建売だった。

雨が漏ったのは2階のリビングで、漏った部分の天井が一部剥がされて中が見える状態だった。構造材や天井の下地の受け材の木材には水道があり、明らかに漏った形跡が確認できる。この部分は中庭に面したサッシで、一目で雨が浸入した箇所がわかるほどのデザインを採用している。

危険な箇所は全部で3カ所あった。写真は屋根の部分だが、谷樋になっており、樋の板金の施工が不良だった。プロが見れば、一目でわかる設計の不備だ。

谷樋部の不良

サッシが入隅に付いている部分だが、この状況ではサッシの4周に施工する防水テープがよじれやすくなり、よじれた隙間から水が浸入してしまう。

さらに3枚目の写真は、リビングのサッシの下と1階の出窓の屋根板金(写真のグレーに見える箇所)との隙間が50ミリ程度しかなく、これでは出窓屋根板金の折り返しとサッシのツバが重なってしまい、防水方法が困難である。

防水の具体的な施工方法の説明は割愛するが、結論からいえば「どうぞ雨が入ってください」といった設計ということだ。

建売業者の責任者は、「当社はデザインを売りにしており、かっこいい住宅を提供しています」と胸を張っていたが、かっこよくても雨が漏っては困る。念のために放水試験を実施したが、指摘した箇所から水が浸入してしまった。

Uさんとしては、「瑕疵のある建物なので解約を申し入れしたい」との考えで、売主が解約を拒絶した場合は弁護士を代理人に立てて争う意向だった。私は、「売主は、『漏水箇所が特定できたので、外壁を一部壊して防水をやり替える』と申し出ているので、解約は難しい」と伝えた。Uさんは「これから梅雨と台風の時期に、

びくびくしながら住むのはいやだ」と言っていたが、やむなく解約を申し入れずに防水の改善工事をすることで了承した。

デザイン優先で機能や施工の方法を犠牲にするような建物は要注意、ということである。

【断熱工事編】
不良な施工では断熱の意味がない！

断熱材は、ロックウールやグラスウールなどの綿状のもの、『ネオマフォーム』などに代表される板状のもの、そのほか現場発泡ウレタンやセルロースファイバーなど、多岐にわたる。

写真は、2枚とも綿状の断熱材の施工不良である。綿状の断熱材は、施工中に重さでずり落ちることがよくあるので、しばしば見かける光景だが、こんなに隙間があっては断熱の意味がない。

綿状の断熱材不良施工例

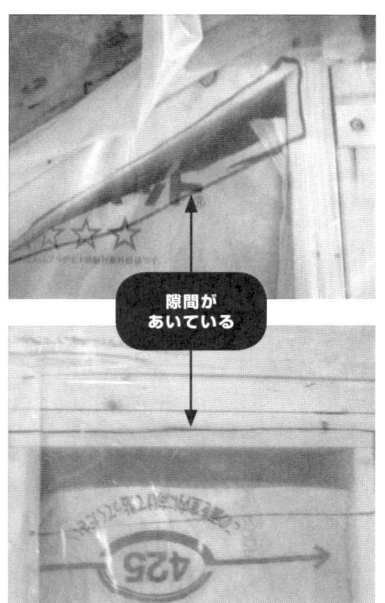

隙間があいている

板状の断熱不良施工例

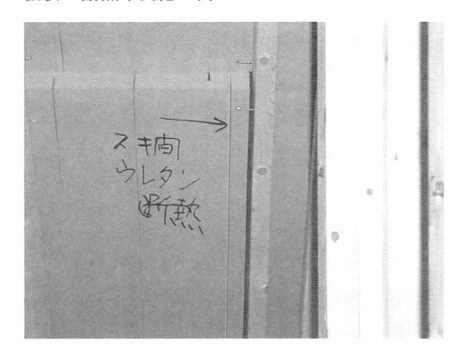

断熱材の幅が不足しているために隙間ができてしまっている。

現場発泡ウレタン断熱不良施工例

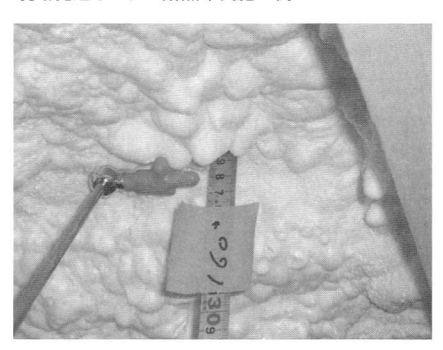

写真は、発泡ウレタンの吹き厚さ不足の例である。仕様書では吹き厚さ160ミリに指定されているが、実際には30ミリ厚さが不足している。

断熱材はほんの少しの隙間でもあれば断熱効果は期待できないが、多くの現場では写真のような不良施工が多く、また厳密な検査をしていない現場が多いことを付け加えておきたい。

【竣工検査編】
多くの不良施工は、不十分な社内検査に起因

最後に写真で、実際にあった信じられないケースを紹介する。その多くは社内検査を十分にしていないことによるものだ。

クロゼットのハンガーパイプの長さが不足していた。パイプをほんの少し左右に動かしたら外れてしまったのである。これでは洋服を掛けたとたんにパイプが落ちてしまう。

吸気用のガラリであるが、手で触ったところ簡単に動いてしまった。固定不良である。

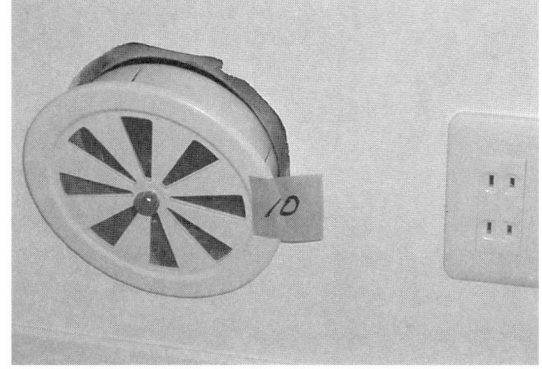

洗面台のキャビネットを開くと壁のコンセントにかかってしまう。

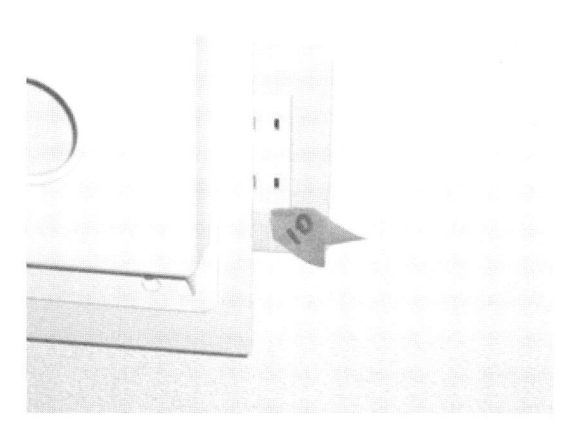

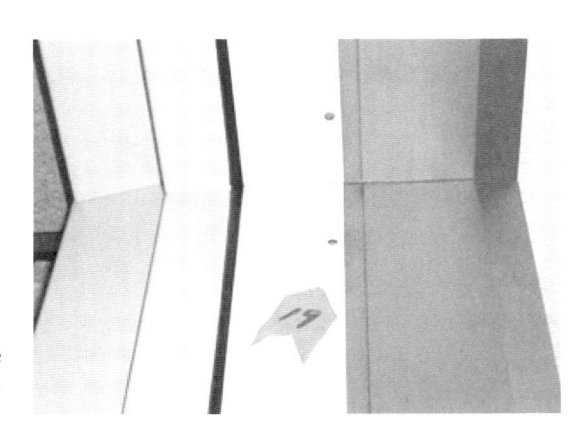

―第4部― ホームインスペクターが見抜いた現場

浴室入り口ドア枠のビス止めを忘れている。

洗面ボールを満水にして排水を行ったところ、排水管のつなぎ不良で漏水してしまった。

ユニットバスの排水トラップ部分であるが、蓋を外して点検してみたら中に虫の死骸が。最終点検を行っていない証拠である。

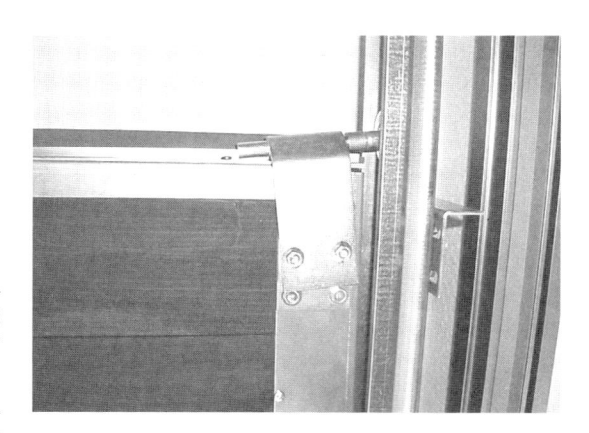

ガレージのオーバースライダーの試運転をしたところ途中でガタガタしてしまった。よく見るとスライダーの取り付け部分が曲がって取り付けてある。下の写真は反対側であるが正しい付け方をしている。この業者は取り付け終了時に試運転を実施しなかったのだろう。何とも無責任な業者である。

デザイナーズハウスのバルコニー手すりですが、なんともお粗末な完成具合である。やりかえさせたのは言うまでもない。

―第4部― ホームインスペクターが見抜いた現場

外壁タイルの目地詰め忘れ

クロゼットの折戸を開けたらエアコンにぶつかってしまった。事前の十分な検討をしていないとこうなる。

縦方向に回転するサッシを全開にしたら外壁についている照明器具に当たってしまう。なんともお粗末な施工である。

勝手口ドアを開けるとフェンスにぶつかりドアを全開にすることができない。

アンテナの取り付け位置が悪く、アンテナがお隣に越境してしまった。下の写真はアンテナの位置を移動後の写真である。

―第4部― ホームインスペクターが見抜いた現場

キッチンの引き出しを引くと、ドア枠にぶつかる。

洗面ボールの排水試験であるが、満水にしてなお給水を継続するとオーバーフローがその役目を果たさず水があふれ出してしまう。多くの設備機器メーカーは同様の現象になるので要注意である。

玄関ポーチに面したサッシを全開にした状態のまま玄関ドアを開けると、サッシにぶつかってしまう。

ご注文は下記メールかFAXで。ご注文、お問い合わせは下記まで。
お届けは2014年3月末日以降となります。

FAX注文フォーム

『観るだけで「いい家が建つ」DVD』を注文します。

ご住所	〒□□□-□□□□ 都道府県　　　　市区町村
氏名	フリガナ
TEL	
Eメール	@

ご注文いただきますと、ご入金のご案内のメールまたはFAXを送信させていただきます。ご入金確認後の発送となります。

info@e-home-inspector.com
電話　03-5769-7557　FAX　03-5769-7558

キリトリ

「後悔しない家を建てたい」と思っている皆様必見!!
DVD販売(別売)のお知らせ

プロがあなたの家づくりを強力サポート!
観るだけで「いい家が建つ」DVD

市村 博 & 市村 崇　定価29,800円(税別)

大金をドブに捨てるか、「納得の家」を手に入れるか、観ると観ないで大違い!

マイホームは一生に一度とも言われる大事業。でも、それだけの大金をはたいたのに、みんな初体験で何もわからないままハウスメーカー任せ。その結果、後悔したり、トラブルになった方は意外に多いのです。

「素人だから」とメーカー任せは絶対に危険! どこに落とし穴があるのかを少し勉強していただくと同時に、大切な家の設計や工事に関わる人たちに、プロの仕事をしてもらう。──それをサポートするために作ったのがこのDVDです。

本書をご購入の方には、大特価(25%OFF)にて販売!
メールでお申し込みの方は『ハウスメーカーで「後悔しない家を建てる」技術を購入』と明記の上、お申し込みください。

- ●ハウスメーカー別　傾向と対策!!
- ●ホームインスペクターが実際の現場で集めたドキュメント写真満載!
- ●ハウスメーカーの担当者に一緒に見てもらうと効果絶大!

ホームインスペクション

本書の著者・**市村博**があなたの家づくりを
プロの厳しい目でチェックします！

土地選びからハウスメーカーの選定、設計図面のチェック、基礎工事〜竣工に至るまでの要所要所をプロの目でチェック!! 時に「やり直し！」の声を飛ばしながら、ハウスメーカーや工務店の担当者のミスや手抜きを防ぎます！

「市村さんがチェックする」というだけで各ハウスメーカーも緊張するという、本物のインスペクションで、後悔のない家を手に入れてください!!

最初から最後までチェックを依頼することもできますし、部分的なチェックを依頼することも可能です。

詳しくは ホームページにて	土地と住まいの総合相談センター http://www.e-home-inspector.com/
まずはご相談を！	info@e-home-inspector.com 電話 03-5769-7557　FAX 03-5769-7558

特別付録 特典DVD

ハウスメーカーで「後悔しない家を建てる」ために絶対知っておきたいポイント

本書の著者・市村博と「住まいと土地の総合相談センター」の副代表を務め、市村博とともに家づくりの現場で第三者チェック(ホームインスペクション)を務める市村崇が、ハウスメーカーで家を建てるときのメーカー選びのポイントや工法別のチェックポイントなどをより詳しく解説したDVD。本書と併せてご覧いただければ、より安心して家づくりに臨むことができます!!

市村 博　市村 崇

稲毛由佳(MC)

パソコンまたはテレビのDVDプレーヤーで再生してください。

プロデュース	井口実
編集	飯田健之
編集協力	市村崇
	稲毛由佳
	松山久
	木下博
装丁 本文デザイン	竹田あゆみ
マンガ制作	渡辺星
DTP協力	三協美術

ハウスメーカー22社 実際に見てわかった最新本音評価!!
ハウスメーカーで「後悔しない家を建てる」技術

2014年 3月 5日　第1版第1刷
2018年 5月20日　第1版第4刷

著者	市村　博
発行者	後藤高志
発行所	株式会社 廣済堂出版
	〒101-0052　東京都千代田区神田小川町 2-3-13
	M&C ビル 7F
	電話　03-6703-0964（編集）
	03-6703-0962（販売）
	FAX　03-6703-0963（販売）
	振替　00180-0-164137
	URL　http://www.kosaido-pub.co.jp
印刷所 製本所	株式会社廣済堂

ISBN978-4-331-51802-1　C0095
©2014 Hiroshi Ichimura　Printed in Japan

定価はカバーに明示してあります。落丁・乱丁本はお取り替えいたします。